RADIAL 084°

Jørgen Dahl-Sørensen

RADIAL 084°

– en beretning om Sterling Airways-flyet,
som forulykkede under indflyvning til Dubai i 1972 –
den største danske flykatastrofe gennem tiderne.

© 2013 Jørgen Dahl-Sørensen
Forlag: Books on Demand GmbH, København, Danmark
Tryk: Books on Demand GmbH, Norderstedt, Tyskland

ISBN: 978-87-7114-958-6

Denne bog omhandler Sterling Airways A/S 1962 – 1988.

Denne bog har derfor ingen relationer
til luftfartsselskaber i dag,
hvori navnet Sterling indgår.

Indhold

Forord

Det er efterår i 1989. Torsdag. En ganske almindelig dag i Dubai. Dog; torsdage er nu altid noget særligt i Mellemøsten: Det er nu weekenden starter.

Ud i trafikken. Jeg ser omhyggeligt til begge sider. De mest farlige er Nissan Patrols, tre-dørs, med ekstra store dæk, sorte ruder og bemandet med utilpassede unge. Fri bane – så er det ud af indkørslen og af sted, for kort efter at blive 'angrebet' forfra af en Quad-bike, der kommer på baghjulene og minder om en aggressiv kameledderkop. Til venstre ad en ensrettet vej. Pas på modkørende! Ud på motorvejen i tæt trafik med maksimum tilladt fart, og straks viser et kik i bakspejlet blinkende lygter næsten inde på mit bagsæde. Frakørsel og ned med paraderne. Parkering. Og vi skulle bare på café.

In-mødestedet er Café Gerard, som i øvrigt var den eneste trendy café i Dubai op til midten af 1990erne. Café Gerard ligger stadig i dag i Magrudy Centeret på Jumeirah Beach Road.

Café Gerard – starten på cafékulturen i Dubai. Stedet har ikke ændret sig ret meget de sidste 20 år. Foto: Jørgen Dahl-Sørensen.

Gæsterne er en blanding af 'lokale' mænd i den lokale nationaldragt, kandora, og udlændinge fortrinsvis fra Europa og Libanon. Cafeen byder på udendørs såvel som indendørs servering af en fortrinlig kaffe samt de berømte hjemmebagte croissanter. Tjenerne Mohammed, Redha og Hussain kender de fleste af os, og værten Gerard (der går de utroligste historier om, hvor velhavende han er blevet) kommer dagligt forbi for at inspicere pengemaskinen og for at få en snak med gæsterne.

I mobiltelefonernes barndom var det her, de 'lokale' signalerede vigtigheden af at have en mobiltelefon – ofte lå den kun til beskuelse på cafébordet. Sådan er det stadigvæk. Dog er det nu enten en Blackberry eller en Android der ligger der.

Uden for caféen holder gæsternes biler. Havde en cafegæst fået ny bil siden sidst, lod man omhyggeligt forsendelsespapirerne med stregkode etc. sidde på ruderne. Så skulle enhver tvivl om, at bilen var aldeles ny, være elimineret.

De 'lokale' er tillige meget imødekommende og hjælpsomme folk. De interesserer sig for den del af verden, vi andre kommer fra, og spørger gerne ind til, hvad vi laver her i Dubai. Hvordan er Skandinavien som feriemål? Kan man køre dertil i bil? Er der direkte flyforbindelse til København? Har du flere døtre? Etc. etc.

Under en af disse samtaler spørger jeg tilfældigt en midaldrende 'lokal', om han kan erindre noget om Sterling Airways flykatastrofen ved Dubai i 1972? Han ryster på hovedet og siger, at jeg må huske forkert, for der har aldrig været flyulykker ved Dubai. Samtalen går videre, og han tjekker sit udsagn med andre 'lokale' café-gæster, som bekræfter, at der aldrig har været flyulykker ved Dubai.

Det sætter mine spekulationer i gang. Mon de 'lokale' bare fortrænger virkeligheden i en rus af ufejlbarlighed? Jeg har oplevet ufejlbarlighedsgenet eller stoltheds-genet hos de 'lokale', som er en slags bevidst stolthed over det at være 'Emiratis' og over alt, hvad landet har nået i de forholdsvis få år, som Emiraterne har eksisteret. Eller er sandheden om flyulykken, at den af en eller anden årsag blev bortcensureret i datidens avis? Jeg slår det hen, og der går et par år, før jeg falder over nogle notitser i Danmark om flykatastrofen i Emiraterne.

Mine Dubai venner fra Café Gerard har naturligvis ret.   Sterling Airways flykatastrofen i 1972 fandt ikke sted ved Dubai. Ulykken skete i Fujairah emiratet, som ligger på østkysten af Emiraterne. Mellem Fujairah og Dubai emiratet ligger Sharjah emiratet. I 1980'erne betragtedes disse emirater som en slags 'andre lande', og gør det stadigvæk i mange sammenhænge.

Nu, 40 år efter katastrofen, har jeg besluttet at skrive en beretning om, hvad der hændte den 14. marts 1972 i Sharqiyin-bjergene ved Fujairah.

Gårdhaven hos Gerard som den ser ud i dag. Foto: Sarah Al Balooshi.

To uger i Ceylon (Sri Lanka)

- De behøver ikke en Aladdins lampe for at ønsket går i opfyldelse!

Således anpriser Tjæreborg Rejser i kataloget fra begyndelsen af 1970'erne sine Ceylon-ture, og beskrivelsen sparer ikke på superlativerne.

- 1001 nats eventyr samlet, så de kan være i en 16-dages ferie. Store, hvide badestrande – indrammet i rosa koralrev – venter på Dem til Deres badeferie. Templer, paladser og kongeborge, bjerge, floder, botaniske haver, jungler og vildtreservater med elefanter, bøfler og leoparder til Deres opdagelsesrejse og brogede markeder, tæppehandlere og fristende tilbud i diamanter, rubiner og safirer eller blot et pund rigtig Ceylon-te til et par kroner til Deres indkøbstur...

Tjæreborg har da også solidt fodfæste, når det gælder Ceylons attraktionsværdi som eksotisk rejsemål, set fra Danmark. To ugers oplevelsesferie på Ceylon er i 1972 blevet et meget populært rejsemål. Ceylon, der samme år skifter navn til Sri Lanka, er 1½ gange Danmarks størrelse, men meget anderledes. Det centrale Sri Lanka er højland, som begynder ca. 50 km fra hovedstaden Colombo. Sri Lanka byder på masser af oplevelser, som danskerne – just som beskrevet i Tjæreborg-kataloget – finder eksotiske og fantastiske.

Den gamle hollandske koloniby Galle er tilholdssted for internationale forfattere og kunstnere. Kulturen er i højsædet, og helt fortjent er det centrale gamle hollandske fort i Galle blevet et Unesco World Heritage Site.

Yala National Park er et 'must see' med leoparder, bøfler og elefanter. Naturen er et kapitel for sig selv. Skønne bjerge, floddale og jungleagtig vegetation.

På Tjærebog Rejsers ture hertil er deltagerne typisk midaldrende ægtepar på sølvbryllupsrejse, eller medarbejderen, som havde fået rejsen som en jubilæumsgave fra en arbejdsgiver. Små børn på turen er en sjældenhed, men som regel er der nogle få deltagere i tyverne.

Hele rejsen varer i alt 17 dage. Heraf tager flyveturen 15 timer i hver retning – med mellemlandinger i Ankara, Dubai/ Bahrain/Sharjah og måske i Bombay.

Der er flere kombinationer at vælge mellem – som en uge med rundrejse på øen og en uge med badeferie. Eller to uger med fast ophold på et badehotel.

Priserne starter ved 1.985 kr.

Rejserne til Sri Lanka er populære, og mange benytter sig mere end en gang af Tjæreborg Rejsers Sri Lanka-rejser. Oplevelsen af dette eventyrlige land skaber hos mange helt naturligt ønsket om at vende tilbage og opleve mere.

Flyruten fra København
til Columbo og retur

Uanset hvordan rejsen fra København til Colombo tilbagelægges, er det en lang rejse. 7.973 km i korteste storcirkelbue svarer ret nøjagtigt til en femtedel af turen hele jordkloden rundt. Selv set med globaliseringens øjne er det en lang tur, og for 40 år siden, i 1972, var den rejsemæssige udfordring ved den 17 dage lange ferie bestemt ikke mindre.

I 1972 benytter Tjæreborg Rejser Sterling Airways Sud Aviation Super Caravelle 10B3 til Ceylon-ruten. Til rådighed for flyvningen og passagerernes komfort er til stadighed en besætning på seks personer. To piloter, tre stewardesser samt en flymekaniker.

Første "ben" af flyturen er på 3½ time. Det går til Ankara, hvor besætningen skifter.

Når flyet atter letter, er det med Dubai, Bahrain eller Sharjah som mål, også en tur på ca. 3½ time.

Derfra går det videre til Bombay – 2½ times flyvning.

Tjæreborg kataloget nævner desuden muligheden for direkte flyvning på strækningen mellem Dubai/Bahrain/Sharjah og Columbo.

Ellers er sidste ben på udrejsen fra Bombay til Colombo, som tager 2½ time.

Inklusive de tre mellemlandinger varer turen i alt 15 timer og 15 minutter. Heraf udgør flyvetiden ca. 12 timer.

Efter 15 dage i Sri Lanka begynder hjemturen med de samme mellemlandinger som på udturen. Også her bliver der skiftet besætning i Ankara.

Med tanke på flyruten, er det givet, at Sterling Airways Super Caravelle ikke er det bedst egnede fly. Men Sterling Airways har på daværende tidspunkt kun Caravelle 210 samt Super Caravellen i sin flyflåde.

Flykatastrofen 14. marts 1972

Tirsdag den 14. marts er hjemrejsedag for deltagerne i Tjæreborg rejsen til Ceylon. Deltagerne, der bor på forskellige hoteller, skal tidligt op for at pakke. Der skal også være tid til morgenmad og tidlig lunch før busafgangen til lufthavnen Sonia Anda Ullo, bedre kendt som Bandaranaike International Airport eller Katunayake, der ligger ca. 35 km nord for Columbo. Efter flittige indkøbsture på Ceylon er bagagen fyldt til bristepuktet, så pakningen tager tid, og flere beslutter derfor at slå måltiderne sammen.

Ester Fugl-Olsen og Judith Nissen har været rigtig gode veninder i mange år. De er begge enker og begge først i tresserne. Det er blevet til en del rejser sammen, men Ceylon rejsen er kronen på værket. Den er anderledes. De har travlt med at pakke på værelset, men tiden rækker til et godt måltid inden busturen og ventetiden i lufthavnen. Nu går snakken om oplevelserne, men de glæder sig naturligvis også til at se deres piger igen.

Busafgangen fra de forskellige hoteller er sat til lidt over middag. Gæsterne skal gerne ankomme til lufthavnen i god tid, selv om flyafgangen først er kl. 17.20.

I modsætning til udturen er påklædningen nu mere afslappet. De mere konservative mænd er stadigvæk i jakkesæt, enkelte endda med vest. Andre er i mere farvestrålende gevandter inspireret af Ceylonernes ofte meget stærkt farvede tøjstil. Der er lokalt indkøbte hatte i alle afskygninger, som dog ikke altid skåner næserne godt nok.

Direktør C. B. Clausen fra Spare- og Lånekassen for Skærbæk og Omegn har netop fejret 25 års jubilæum, og gaven fra Spare- og Lånekassen er en tur med Tjæreborg Rejser til Ceylon sammen med hustruen Hansigne.

Nu sidder de snart i flyet, og sandsynligvis har et af samtaleemnerne været de uforglemmelige oplevelser som jubilæumsgaven har givet dem begge.

Humøret er højt i busserne, og man glæder sig trods alt til at komme hjem efter en meget vellykket ferierejse. I lufthavnen mødes rejsedeltagerne med grupperne fra de andre hoteller – folk som man faktisk ikke har set siden udrejsen. Tjæreborg guiderne er på pletten og orienterer om alt det praktiske: Indcheckning, planmæssig flyafgang samt de formaliteter der er i forbindelsen med told- og paskontrollen.

Lars Peter og Maja Jørgensen er på fællestur sammen med to andre ægtepar. De seks venner har tidligere rejst sammen og dyrker også golf og bridge som fælles interesser. Lars Peter Jørgensen, 57 år, er økonomidirektør hos Novo, og sammen har de børnene Anker, Anne og Ingrid, som på dette tidspunkt er voksne. De glæder sig til at gense børn og børnebørn. Det var kun Ingrid, der fik sagt farvel i Kastrup.

Boarding-køen slynger sig i en lang række. Alle slæber håndbagage af sted – gerne i form af bæreposer med alskens indkøb strittende ud til alle sider. Op ad flytrappen; husk at dukke hovedet ved indgangen til den kompakte Caravelle flykabine.

Her bliver de rejsende igen budt velkommen på dansk af smilende stewardesser i gule uniformer. Allerede her kommer fornemmelsen af at komme hjem: Dette her er et lille stykke Danmark!

Hjulpet af stewardesserne bakser passagererne med håndbagagen. Det betyder reduceret benplads til mange. Der er ikke megen plads i en Caravelle. Kabinen er trang og levner kun plads til to sæder på hver side af midtergangen.

Kendingsbogstaverne OY-STL på flyets krop og vinger kan godt give passagererne indtrykket af, at de flyver med flagskibet i Sterling Airways' fly-flåde – om det var bagtanken, da forkortelsen STL et par år tidligere'blev tildelt dette fly – "OY" står for at flyet er dansk – må stå hen i det uvisse, men antallet af dansk registrerede civile fly var og er ikke større, end at selskaberne til en vis grad selv kan vælge flyenes tre kendingsbogstaver.

Flyet, rejseselskabet boarder, er en Super Caravelle 10B. Det er chartret af Tjæreborg Rejser for den 14. marts 1972 at bringe 106 passagerer fra Colombo på Ceylon hjem til København. Rutenummeret er NB 296.

Murermester Morten Rødgaard på 73 fra Esbjerg og hustruen Rigmor på 70 år har 'kun' været gift i syv år, da de besluttede sig for en forsinket bryllupsrejse. Nu sidder de sammen i flyet og ser formentlig frem til dansk mad og drikke efter 16 dage med meget krydrede måltider.

Besætningen er på plads. På denne rejse er den på fem besætningsmedlemmer plus en mekaniker. I cockpittet er det luftkaptajn Ole Jørgensen og andenpilot Jørgen Pedersen, der skal forestå flyvningen; i kabinen viser stewardesserne Karin Sonja Troelstrup, Lone Bernth og Edith Johanne Wøhlk passagererne til rette, og blandt passagererne sidder flymekaniker Poul Erik Ib Johansen, der er med for at kunne løse de tekniske spørgsmål, der måtte kunne opstå under mellemlandingerne.

Tre mellemlandinger er planlagt for Sterling-flyets rejse til København. Flyet skal tanke op i Bombay, Dubai og Ankara, og i Ankara skal der tillige skiftes besætning.

Afgangen fra Colombo kl. 11.50 (tidsangivelser er GMT hvor intet andet er anført) går planmæssigt, og under mellemlandingen i Bombay, der varer en time, er det planen, at piloterne får opdateret sine vejrinformationer for ruten fra Bombay til Dubai.

Flyet kommer i luften præcist. Dejligt med afgang til tiden – efter at flyvehøjden er nået, kommer drinksvognen – endelig! – efterfulgt af papæskerne med mundgodt fra Aero-Chef i Kastrup. De mange aktiviteter i kabinen gør, at første "ben" af flyrejsen føles behageligt kort. Snart er Sterling Airways NB 296 under indflyvning til Bombay, og flyet lander planmæssigt her kl. 14.15.

Alle bliver i flyet – det bliver tanket op, og passagerene må ikke forlade flyet under tankning. I stedet har de mulighed for at strække benene i midtergangen og udveksle sjove historier og gode minder med de andre rejsende.

Igen klar til start. Klokken er nu 21.20 Ceylon tid. Tænker på familien derhjemme – de er ved at være færdige med arbejdsdagen og også på vej hjem, omend en kortere tur.

15.20 ruller NB 296 atter ud ad startbanen fra Bombay for NB 296. Flyet skal benytte rute R19 (Rød 19) tværs over det Arabiske Hav/Oman Gulfen, og flyvehøjden er planlagt til 31.000 fod (9.449 meter).

Efter en lille halv time er flyvehøjden nået. Enkelte beder om en forfriskning, mens andre tager sig en lur.

I cockpittet kan luftkaptajn Ole Jørgensen og andenpilot Jørgen Pedersen se frem til næsten tre timer med et noget ensformigt landskab en halv snes kilometer nede: Stort set hele turen går hen over havet, uden nogen særlige muligheder for landkending undervejs.

40 år senere, i en verden hvor GPS og elektronisk understøttede kort og navigationssystemer er en selvfølge, kan det være værd at understrege, at OY-STL her er overladt til de klassiske navigationsprincipper fra søfarten, hvor en krydspejling f. eks. af (radio-) fyrlinier er en af de få noget upræcise måder at bestemme positionen på.

Piloterne på NB 296 skal tillige rapportere til kontroltårnet, når de passerer nogle bestemte rapporteringspunkter. Punkterne – der i virkeligheden ikke er punkter, men radiofyrlinier på tværs af flyets rute, kan aflæses på instrumenter i cockpittet.

NB 296 har i sin flyveplan fem rapporteringspunkter på ruten: SAL-MON, SEAHORSE, BLUE WHALE, DOLPHIN og SPEARFISH. Mellem Bombay og Dubai er der ad denne rute 1.045 sømil, svarende til 1.935 km. Flyvetiden er planlagt til knap 3 timer.

Allerede Kl. 15.40, fire minutter før tidsplanen, rapporterer NB 296 til Bombay kontroltårn, at flyet har nået SALMON.

Kl. 15.49 rapporterer NB 296 til Bombay radio, at flyvehøjden på 31.000 fod nu er nået.

Kl. 16.15 rapporterer NB 296 til Bombay radio, at flyet har passeret næste rapporteringspunkt: Det var over SEAHORSE kl. 16.14, og NB 296 forventer at nå BLUE WHALE kl. 16.52.

Ægteparret Ingrid og Torben Bille fravælger aldrig ferie, uanset hvor travlt der er på arbejdet. Han er uddannet civilingeniør med speciale i skibsbygning.

Torben Bille har en lang karriere på Ø.K.s værft i Nakskov bag sig. For kun et år siden er han i en alder af 58 blevet udnævnt til administrerende direktør på B & W skibsværft, som er i en alvorlig finansiel krise. Han er kendt som en smidig forhandler og en mester i at få et godt samarbejde til at køre på den store arbejdsplads. Torben Bille er allerede godt i gang med at vende billedet på værftet, der i øvrigt er i gang med en af sine største ordrer nogensinde til Torben Billes tidligere arbejdsgiver ØK: To containerskibe med et maskinanlæg, der vil slå verdensrekorder med verdens kraftigste skibsdiesel-anlæg nogensinde. Skibe, som han selv har været med til at sætte på tegnebrættet i Ø.K.s konstruktionsafdeling.

Men lige nu gælder det afslutningen på en tiltrængt ferie med hustruen Ingrid. Hans tanker omkring den kommende B & W generalforsamling på fredag er antagelig begyndt at indfinde sig.

Mellem kl. 16.47 og 17.08 forsøger Bombay radio at kalde NB 296. Opkaldene forbliver ubesvarede.

Kl. 17.14 modtager Bombay via relay fra et andet fly, at NB 296 var over DOLPHIN, og at man er 10 minutter foran den oprindelige plan, kalkuleret i Bombay.

Kl. 17.25 hjælper det samme fly via relay NB 296 med at få en kl. 17.00 vejrmelding fra Dubai-kontroltårnet.

Antagelig er der stille i flyet – de fleste hviler sig, og kabinepersonalet er i pantry forrest i flyet.

Kl. 17.42 overdrager Bahrain-kontrolcenteret NB 296 til Dubai-kontroltårnet for indflyvning.

Kl. 17.42 er NB 296 i direkte kontakt med Dubai-kontroltårnet og rapporterer, at man nu er over SPEARFISH i flyvehøjde 31.000 fod og forventer at lande i Dubai kl. 18.10.

Nu vækker besætningen de passagerer, der sover, beder dem om at spænde sikkerhedsbælterne og rejse stoleryggene til lodret stilling. "Tobaksrygning forbudt" skiltet tændes.

Dubai-kontroltårnet kalder NB 296 og spurgte om hans radial til Dubai VOR (**V**HF **O**mnidirectional **R**ange navigation system). Noget tøvende svarer NB 296 "084 grader", og at man vil påbegynde nedstigningen fra 31.000 fod fra kl. 17.55.

Allerede kl. 17.49 rapporterer NB 296 imidlertid, at flyet befinder sig 95 sømil (176 km) fra Dubai lufthavn, og at NB 296 derfor ønsker at påbegynde nedstigningen omgående. Tilladelsen bliver givet – ned til en flyvehøjde på 4.000 fod (1.219 meter).

Dubai-kontroltårnet spørger nu NB 296, om flyet vil følge radial 084 grader til VOR Dubai Lufthavn. Dette bekræfter NB 296, og kontroltårnet kvitterer ok.

Dubai må være meget tæt på, fordi passagererne kan ikke undgå at mærke en usædvanlig stejl nedstigning

Kl. 17.50 rapporterer NB 296, at flyet er på vej mod flyvehøjde 4.000 fod.

- Hvilken landingsbane kan vi benytte? spørger NB 296. Dubai-kontroltårnet svarer, at vinden er 45 grader, seks knob og at NB 296 valgfrit kan benytte enten bane 30 eller 12. Stillet overfor dette valg svarer flyet, at NB 296 vil forsøge en direkte anflyvning til bane 30. Kontroltårnet bekræfter tilladelsen til landing på bane 30.

Dubai-kontroltårnet er de sidste, der er i radiokontakt med NB 296.
Foto: Saeed Al Balooshi .

Kl. 17.56 meddeler NB 296, at man passerer flyvehøjden 13.500 fod (4.119 meter). Kontroltårnet svarer, at flyet skal melde, når det er i en højde af 2.000 fod (610 meter) eller har lufthavnen i sigte. NB 296 kvitterer for dette.

Dubai-kontroltårnet skifter nu til reservesenderen, da den tidligere modtagne kommunikation fra NB 296 er af dårlig kvalitet eller slet ikke kan opfanges pga. lav lydstyrke.

Kl. 18.01 kalder NB 296 igen Dubai-kontroltårnet op, men selve samtalen går ikke igennem på båndoptageren i kontroltårnet, fordi det er reservesenderen, der benyttes. Flyvelederen i Dubai-kontroltårnet opfatter det således, at NB 296 spørger, om Dubai VOR er i normal funktion? Flyvelederen svarer, at ADF antennen – **A**utomatic **D**irection **F**inder – er reduceret i længden grundet landingsbane-udvidelse, samt at Dubai VOR ikke sender med fuld styrke. Han fortsætter:
- Brug derfor Dubai VOR på 115.7 eller anvend ILS – **I**nstrument **L**anding **S**ystem – localizer på 110.1.

Straks derefter hører man i kontroltårnet lyden af en mikrofon, der bliver tastet, i flyet.

Kl. 18.02: Dubai-kontroltårnet svarer:
- 296 – Dubai – vi kan ikke høre dig. Gentag!

Og igen 18.02:
- 296 – Dubai på QNH 1016.5 (QNH=lokalt tryk i millibar), men man hørte intet fra NB 296.

Kl. 18.03 sender Dubai-kontroltårnet:
- 296 – Dubai – 'rapporter når du ser landingsbanen'. Dubai-kontroltårnet mener ikke, at NB 296 hører det eller svarer.

Kl. 18.03 kalder NB 296 og klager over, at Dubai VOR nålen var ukonstant. Dubai-tårnet svarer:

- '296 – Dubai – dersom Dubai VOR ikke er pålidelig, så skift til ILS på 110.1. Den er sat på 300 grader, som leder dig til landingsbanen'.

Passagererne mærker nu efter den kraftige nedstigning en udfladning, eller måske en svag stigning.

DETTE OPKALD OG SVAR Kl. 18.03 ER DEN SIDSTE KOMMUNIKATION MELLEM NB 296 OG DUBAI-KONTROLTÅRNET.

Imidlertid fortsætter Dubai-kontroltårnet med at kalde NB 296, men kl. 18.18 meddeler tårnet til Bahrain-kontrolcenteret, at Dubai har mistet forbindelsen til NB 296.

Kl. 18.40 (GMT, svarende til kl. 22.40 lokal tid) slår Dubai-kontroltårnet katastrofealarm, og eftersøgningen indledes.

Lidt uden for byen Kalba ved Fujairah, der ligger ud til Oman Golfen, er det rigtig dårligt vejr. Når regnen kommer, er beboerne vant til, at den kommer i rigelige mængder grundet beliggenheden tæt på Sharqiyin bjergmassivet. Derfor er en beboer sammen med nogle venner ved at grave grøfter rundt om sit hus, så vandet kan løbe væk. Det er mørkt; klokken er 22.00 lokal tid (18.00 GMT).

Pludselig ser de et fly i meget lav højde. Det kommer ind over Kalba by fra øst. De kan tydeligt se navigationslysene.

De følger flyet ind over land i vestlig retning – og ser med forfærdelse, at flyet nu rammer først en bjergtop og derefter endnu en bjergtop. Flammerne slår op og ildskæret fra eksplosionerne og brandene kan ses mod skyerne.

Flystyrtet sker ca. 11 km fra beboerens hus. Der er ingen veje op i bjergene, men alligevel skynder de sig af sted i hans Land Rover. Efter flere forsøg må gruppen opgive at komme op til katastrofestedet; de kører fast i mudder. På det tidspunkt er der ingen telefoner i området, og derfor har de ingen mulighed for at slå alarm.

Et par kilometer fra katastrofestedet ligger Hayl – en lille landsby med meget få indbyggere. De fleste af Hayls indbyggere er allerede gået til ro, men omkring kl. 22.00 hører de et brag og ser et lysglimt. De hæfter sig ikke særligt ved det, de regner med at fænomenerne skyldes det dårlige vejr. I øvrigt kan man fra byen Hayl ikke se de bjergtoppe, som Sterling Airways flyet rammer.

Tidligt næste morgen den 15. marts er der hektisk aktivitet i Al Bateen lufthavnen i Abu Dhabi. Her holder Abu Dhabi Airforce til. Luftvåbnet er blevet anmodet om assistance for at finde nedstyrtningsstedet. Abu Dhabi Airforce råder på dette tidspunkt over Britten-Normann Islander BN-2A fly samt Bell 206b Jet Ranger helikoptere. Endvidere er nogle helt nye SA330B Puma helikoptere netop leveret, men de er endnu hverken klargjort eller taget i brug.

Helikopterpiloterne Captain Saleem og Mel Carey er purret og ved at gøre deres Bell 206b klar. Mel Carey skal være observatør og flight engineer på denne eftersøgningsflyvning. De flyver omgående mod bjergene ved Fujairah og forventer at være fremme, når dagslyset bryder igennem. Vejret er dårligt med kraftig regn.

Efter nogen tids søgning finder eftersøgningsholdet i helikopteren kort efter daggry resterne af Sterling Airways flyet – især motorene var genkendelige. Det er umuligt at lande grundet vejret og terræn. Katastrofestedet er nu identificeret, og holdet observerer ingen overlevende.

Sterling flyet har først ramt en bjergtop cirka 1.600 fod (500 meter) over havet med bagbords vinge, som bliver revet af, og tre sekunder senere og 265 meter længere fremme ramte Sterling Airways flyet endnu en bjergtop.

Flyets hastighed i ulykkesøjeblikket er beregnet til 189 knob (350 km/ timen).

NB 296 splintres fuldstændigt, der opstår brande, og alle ombordværende omkommer øjeblikkeligt. De omkomne og hovedparten af flyets vragrester spredes ud over vestsiden af bjerget i tre v-formede dale, som nederst ender i en floddal.

Meddelelsen om katastrofen når Danmark

Den 14. marts kl. 20.15 (GMT) meddeler Bahrain kontrolcenter til Kastrup kontrolcenter, at NB 296 er savnet under indflyvning til Dubai.

Direktoratet for Civil Luftfart i Danmark modtager meddelelsen ca. kl. 22.00 samme aften, og myndighederne begynder omgående at sammensætte en gruppe, der så hurtigt som muligt skal flyve til Dubai for at deltage i og assistere de lokale myndigheder med at klarlægge omstændighederne, hvis det viser sig, at der er sket en flykatastrofe.

Tidligt om morgenen den 15. marts er Ingrid og hendes mand Per på vej til Kastrup Lufthavn i to biler for at hente Ingrids forældre. Forældrene har været 17 dage afsted på en eksotisk oplevelsesferie sammen med to andre vennepar. Tæt på Rådhuspladsen i København kører Per ind til siden og standser. Ingrid følger trop. Per iler hen til Ingrids bil. Han har på bilradioen i en ekstraudsendelse netop hørt, at et Sterling Airways fly er meldt savnet over de Forenede Arabiske Emirater. Dybt chokerede fortsætter de til Kastrup Lufthavn, hvor de på Sterling Airways lufthavnskontor får bekræftet, at flyet er savnet. Sterling-medarbejderne viser Ingrid og Per et kort over området og oplyser samtidig parret, at det ikke nødvendigvis er et styrt, der ligger bag det savnet-meldte fly; det kunne være en flykapring – og håbet lever derfor endnu en tid for Ingrid og Per.

Om morgenen den 15. marts, modtager Direktoratet for Civil Luftfart oplysningen om, at NB 296 er fundet i den østlige del af bjergmassivet i Fujairah emiratet, og at alle ombordværende meldes omkommet.

Samme dag rejser et hold specialister fra Danmark til Dubai. Holdet består af medarbejdere fra Direktoratet for Civil Luftfart, tekniske eksperter, identifikationseksperter fra politiet, retsmedicinere og retsodontologer. De ankommer til Dubai tidligt om morgenen den 16. marts.

Myndighederne i Dubai og Fujairah briefer holdet straks efter ankomsten. Myndighederne konstaterer overfor holdet, at de ikke råder over kapacitet til en egentlig undersøgelse af ulykken. Til gengæld vil de stille mandskab, logistik samt materiel til rådighed for det danske hold.

Det er derfor gruppen fra Danmark, der overtager ansvaret for at klarlægge omstændighederne omkring ulykken og identificere de omkomne. Gruppen bliver snart efter udvidet med svenske og norske kolleger, der ankommer 17. marts. Franske myndigheder samt eksperter fra Sud Aviation slutter sig samtidig til ekspertholdet..

Danske aviser, tv og radio beskæftiger sig 15. marts og de følgende dage næsten udelukkende med katastrofen. 112 omkomne er et ufatteligt stort tal. Der er 74 danske, 20 svenske, 12 norske, fire finske samt to tyske statsborgere blandt de omkomne; to af de finske statsborgere er dog fastboende i Danmark. Aldersfordelingen af de omkomne gør mange børn og unge forældreløse, og efterhånden som passagerlisterne bliver offentliggjort, fyldes avisspalterne med nekrologer om de omkomne, der kommer fra alle egne af landet.

Af nekrologerne fremgår det, at hovedparten af deltagerne i Tjæreborg rejsen er midaldrende ægtepar, ledende funktionærer og selvstændige, som har ønsket en oplevelse, der går langt ud over det, man kan opnå på de vanlige charterrejser, og før helbredet måske sætter en stopper for en enestående rejseoplevelse.

Overskrifter 15. og 16. marts:

'Fløj flere km for lavt'

'Fly fra Sterling Airways med 112 om bord styrtet ned ved Dubai i nat'

'Alle 112 knust mod bjergsiden'

'Redningsfolk over ulykkesstedet i nat: alle døde – flydele overalt'

Ekstrabladet og Berlingske Tidende stod for de mest forkerte overskrifter:

Ekstrabladet: 'Dansk fly med 112 om bord er styrtet i havet'

Berlingske Tidende: 'Redningsekspedition på æselryg er på vej, men alle 112 menes omkommet'

Ejlif Krogager bliver vist med hænderne dækkende ansigtet. Hans budskab er, at en ufattelig tragedie har ramt en lang række familier samt rejsebranchen i Danmark.

Dubais lufthavnsdirektør Abed Hatoum, bliver citeret: "Det er det værste sted i verden, en flykatastrofe kunne ske".

Hvad er årsagen til katastrofen? Havarikommisionen går i gang.

Det danske udsendte hold
når katastrofestedet

Den danske havari- og identifikationsgruppe flyver i helikopter til katastrofestedet den 16. marts, så medlemmerne kan danne sig et overblik over de opgaver, der ligger forude. Som frygtet erfarer gruppen, at flyet er fuldstændigt splintret, og de omkomne ligger spredt over et område på 5 – 6.000 m² i et meget svært tilgængeligt terræn. Svært tilgængeligt, fordi katastrofeområdet er en stejl bjergskråning, delt i tre v-formede dale ned ad bjergsiderne, bestående af løse sten og klippestykker med mange meter dybe furer, hvor vragdele og omkomne ligger spredt. Det er umiddelbart indlysende, at identifikationsarbejdet af de omkomne bliver endog meget vanskeligt.

Senere samme dag holder gruppen et møde i Dubai sammen med myndighederne. Her bliver de forskellige arbejdsgange tilrettelagt. Selv om emiratet Dubai ikke dengang var forpligtet til at deltage, endsige betale for bjærgningen, beslutter herskeren Sheikh Rashid bin Zayed Al Maktoum at stille alle til rådighed værende midler til disposition. Det udmønter sig i mandskab fra Dubai Police Force, Union Defence Force, Abu Dhabi Air Force samt Sultan of Oman Air Force. Yderligere skal der oprettes et identifikations-center. Her falder valget på den gamle lufthavn i Sharjah af logistiske årsager. Endvidere har den gamle lufthavn tillige tilstrækkeligt med kølerum, – det er af største vigtighed i den forestående identifikationsproces.

Til logistik og bjærgning leverer styrker fra følgende korps mandskab:

Abu Dhabi Air Force
Dubai Police Force – Dubai Police Air Wing
Sultan of Oman Air Force
Union Defence Force Sharjah
Union Defence Force Masafi

Ekspertgruppen beslutter at hente de omkomne ned fra nedstyrtningsstedet med helikopter og flyve dem til en lille landingsbane i Fujairah 12 km væk. Fra denne landingsbane vil et transportfly fra Sultan of Oman Air Force flyve de omkomne til Sharjahs gamle lufthavn for identifikation. Holdets hjælpere er straks gået i gang med at anlægge to midlertidige helikopterlandingspladser i dalbunden i nærheden af nedstyrtningsstedet. Desuden opbygger man en teltlejr i umiddelbar nærhed. Et par af medlemmerne fra det danske team overnatter i telt på nedstyrtningsstedet, medens andre bliver indlogeret på Carlton Towers hotellet i Dubai.

Carlton Towers hotel, hvor en del af det danske ekspertteam bor i 1972, ligger ved Dubai Creek. Foto: Sarah Al Balooshi.

17. marts er alle klar til at påbegynde arbejdet. Det regner og er lummervarmt.

Som tidligere nævnt har Abu Dhabi Air Force netop et par dage i forvejen modtaget nye SA330B Puma helikoptere fra Frankrig. En af disse helikoptere bliver fløjet til Dubai og bliver her klargjort til at flyve ti passagerer til ulykkesstedet. De to piloter er endnu ikke færdiguddannet i denne helikoptertype, og oven i købet er det flyvning og landing i bjergrigt terræn. Nu letter man imidlertid mod Sharquiyn bjergene, og alle 12 ombordværende er noget nervøse.

Det er en ordre fra højeste sted, at man skal benytte de helt nye Puma helikoptere til opgaven. Heldigvis sker der ingen uheld.

Soldaterne fra Masafi har nu hænderne fulde med at anlægge helikopterlandingspladser så tæt på nedstyrtningsstedet som overhovedet muligt. De omkomne ligger spredt over et meget stort område. Enkelte omkomne ligger tæt ved bjergets top, hvor flyet ramte. Andre ligger 500 meter nede i dalbunden i selve flodlejet. Det lykkes ret hurtigt at få registreret alle omkomne, men selve identifikationen skal først foregå i den gamle Sharjah lufthavn.

Den 17. marts slutter kolleger fra Norge og Sverige sig til, og 19. marts forstærker Dubai-myndighederne indsatsen på katastrofestedet ved at sende yderligere folk til stedet.

De omkomne bliver lagt i kraftige plastposer og båret ned fra bjerget til floddalen. I begyndelsen er det muslimske soldater, der udfører denne opgave, men grundet deres religion nægter de efter 24 timer at fortsætte dette arbejde. Den altid hjælpsomme politichef i Dubai, englænderen Jack Briggs, kontakter derefter englænderne på militærbasen i Sharjah.

Sergeant Lenny Clatworthy purrer de engelske soldater og beder frivillige melde sig til at fragte omkomne ned fra bjerget. Seks til syv mand melder sig, og de bliver sendt af sted til Dubai Lufthavnen – til en ventende helikopter fra Sultan of Oman Airforce. Helikopteren er kaldt til assistance fra den engelske RAF base Salalah i det sydvestlige Oman, tæt ved grænsen til Yemen. Dermed overtager engelske soldater arbejdet med at bære omkomne ned til dalen, og de får særskilt betaling for dette arbejde.

Blandt soldaterne er Paul Lawson og Ron Ellis, der arbejder under ledelse af en dansk læge. Ud over at bære omkomne ned til helikopterne, indsamler de tillige personlige ejendele fra de omkomne. Ejendelene overgives derefter til politimyndigheden. Efter en meget lang og belastende dag flyver holdet direkte fra nedstyrtningsstedet til lejren i Sharjah, hvor de lander på paradepladsen. Et lægehold venter dem og bistår dem med psykolog assistance, som fortsætter gennem de følgende dage. Nogle uger senere blev holdet inviteret til Dubai, hvor danske myndigheder officielt takker for deres indsats.

Blandt de engelske soldater er også piloten Mel Carey, som i sin Bell 206b oprindelig har fundet nedstyrtningsstedet. Han slæber ikke bare omkomne ned til Puma helikopterne i flere dage; han koordinerer også indflyningerne via radio. Mel Carey overnatter under operationen på Ambassador hotellet i Dubai og bliver morgen og aften fragtet til og fra nedstyrtningsstedet med Puma helikoptere.

Helikopterne flyver med de omkomne i en slynge under sig til en landingsbane tæt ved stranden i Fujairah, hvorefter Skyvan transportfly fra Sultan of Oman Air Force flyver dem videre til Sharjah Lufthavnen for identifikation.

I Sharjah lufthavnen indledes identifikationsprocessen, medens havarigruppen fortsætter sine undersøgelser på nedstyrtningsstedet. Havarigruppen flyver ud til nedstyrtningsstedet med helikopter hver morgen fra Dubai. Under disse flyvninger opdager gruppen på en bjergkam 300 meter øst for nedstyrtningstedet det yderste af bagbords vinge. Sammenstødet med den anden bjergkam har medført en eksplosion forårsaget af maskinens center brændstoftank. Brandarealet strækker sig over ca. 50 meter.

Flyet medbragte ca. 200 kufferter. Der bliver ikke fundet én eneste intakt kuffert. Som selve flyet er al bagagen splintret.

Nu presser de lokale myndigheder på for at få arbejdet gjort færdigt på katastrofestedet. Den 23. marts, ni dage efter katastrofen, ankommer 40 soldater for at nedlægge den midlertidige teltlejr. Den danske havarigruppe kan nu påbegynde hjemrejsen – efter seks udmattende dage på katastrofestedet.

Puma helikopter fra Abu Dhabi Airforce over katastrofestedet.
Foto: Bengt Nordell-POLFOTO

I fire dage gennemsøges terrænet for effekter, hvoraf meget bliver indsamlet til brug for havarigruppens videre arbejde. Bagbords vinge, der blev revet af ved sammenstødet med den første bjergkam, blev aldrig bjerget, da beliggenheden er komplet utilgængelig.

For redningsmandskabets medlemmer er det en særdeles emotionel opgave at bevæge sig rundt mellem de omkomne og vragresterne. De kan ikke abstrahere fra tanken om de 106 passagerer, der har glædet sig til at komme hjem og berette om store oplevelser. Og som i stedet finder deres endeligt på en så voldsom måde. Indkøbte gaver til familie og venner ligger spredt i bjergene. Især det kendte farvestrålende trælegetøj fra Ceylon, som de aldrig får afleveret til børnene eller børnebørnene, sætter mange tanker i gang, medens redningsmandskabet transporterer de omkomne ned i floddalen til de ventende helikoptere.

Nutidigt billede af helikopterlandingspladsen i Fujairah.
Foto: Jørgen Dahl-Sørensen

Skyvan transportfly fra Royal Oman Air Force. Foto: ACIG

Nogle år efter ulykken opstår der rygter om, at man i Sharjah sælger kufferter med indhold fra Sterling Airways ulykken. Dette tilbagevistes af havarigruppen, da al bagage er totalt splintret. Havarigruppe og redningsmandskab støder ikke på en eneste bare nogenlunde hel kuffert i dagene efter katastrofen.

Hvad foregik der i cockpittet på NB 296?

Allerede før starten fra Colombo modtager besætningen en rutevejrudsigt, der dækker de første to "ben" af ruten, nemlig fra Colombo til Bombay og fra Bombay til Dubai.

Ved mellemlandingen i Bombay går en af piloterne til vejrtjenesten, der ikke er parat med en vejrmelding, selv om Sterling Airways har varslet deres ankomst. Piloten kan eller vil ikke vente, og flyet letter fra Bombay uden den pågældende vejrmelding. Efter afgangen fra Bombay modtager flyet dog kl. 17.26 en opdateret vejrmelding dækkende Dubai via relay fra et andet fly.

Andre samtidige fly på ruten rapporterer om kraftigt skydække, som forstyrrer vejrradarbillederne, ved kysten ved Muscat. De kan ikke observere lys på landjorden. Yderligere rapporterer de, at der under indflyvning til Dubai er en kraftig modvind på mellem 60 og 85 knob (111 og 157 km/time) under nedstigning fra 31.000 fod (9.449 meter) til 10.000 fod (3.048 meter).

Eftersøgningsflyene fra Dubai Police og Abu Dhabi Air Force rapporterer begge om skydække. Dog kan det ene fly nu og da se lysene fra landjorden samt lysskæret fra Dubai og nabobyen Sharjah.

Flight recorderen på OY-STL – den "sorte boks", som i virkeligheden er rød! – har undervejs registreret følgende flyhøjder:
Efter starten fra Bombay når NB296 flyhøjden 30.600 fod (9.327 meter) på 30 minutter. Denne højde bliver flyet liggende på i en time og 29 minutter – så begynder nedstigningen. Med en normal nedstigningshastighed når NB296 9.000 fod (2.743 meter). Derefter følger en meget kraftig nedstigning til 2.800 fod (854 meter), som passagerene uden tvivl lægger mærke til, da den er en hel del voldsommere end ved en normal nedstigning. Herefter igen en mere blød nedstigning, indtil man når 1.400 fod (427

OY-STL 14. marts 1972 kl. 18.03 GMT

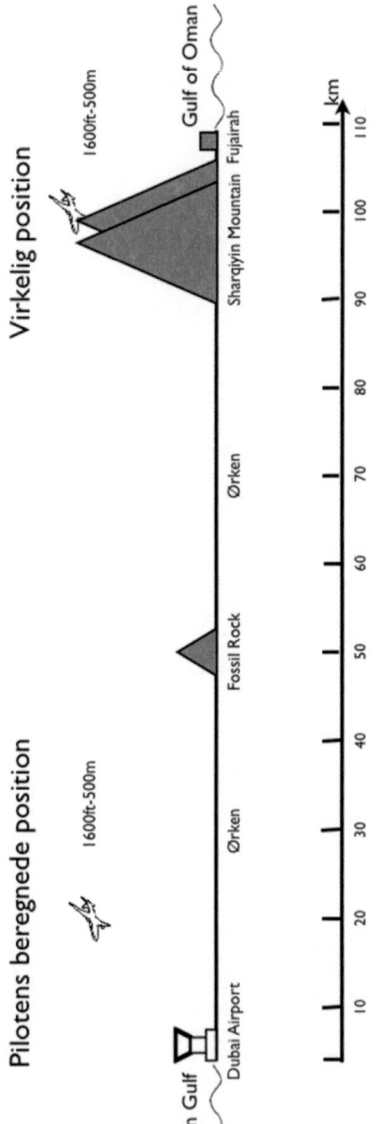

Pilotens beregnede position

1600ft-500m

Persian Gulf

												km
10	20	30	40	50	60	70	80	90	100	110

Dubai Airport   Ørken   Fossil Rock   Ørken   Sharqiyin Mountain Fujairah

Virkelig position

1600ft-500m

Gulf of Oman

Grafisk fremstilling af hændelsesforløbet, hvor OY-STL har fejl beregnet sin position med ca. 90 km. Grafik: Sarah Al Balooshi

meter). 10 sekunder før kollisionen begynder flyet atter at stige! Der er ikke cockpit voice recorder i Sterling Airways flyene, så samtalerne mellem piloterne kendes ikke. Sandsynligheden taler dog for en vis usikkerhed hos piloterne omkring flyets faktiske position.

Det er slået fast, at NB 296 er kommet endda meget ud af kurs fra den planlagte flykorridor Rød19. Flyet er så langt ude af kurs, at det krydser ind i A1 flykorridoren – flykorridoren mellem Karachi og Dubai/Shar-jah – med fare for at kollidere med andre fly. Beregninger viser, at NB296 er op til 150 km ude af kurs – for langt nordpå – ved SPEARFISH, som er det sidste meldepunkt på ruten jf. flyveplanen.

Den oprindelige plan med at lægge indflyvningen til Dubai i direkte forlængelse af ruten, og faktisk uden nævneværdig kursændring på ruten Bombay – Dubai, holdt derfor slet ikke. For at komme til den rigtige ind-flyvningskurs på 300 grader måtte man flyve kurs 240 grader i et stykke tid som resultat af positionen Dubai VOR kurs på 084 grader kl. 17.42. En direkte indflyvning kræver en VOR kurs på 120 grader! Samtidig meddeler NB 296, at man vil påbegynde nedstigningen kl. 17.55.

Fly Korridoren Bombay - Dubai

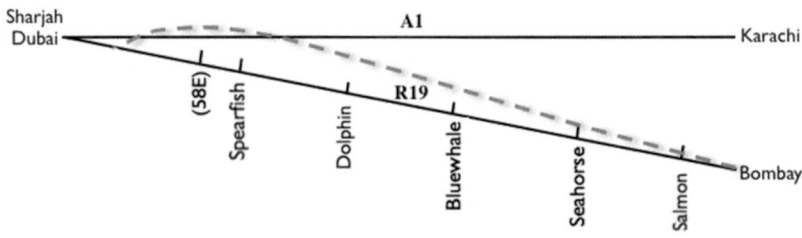

Skitsen viser flykorridoren R19 mellem Bombay og Dubai/Sharjah samt fly- korridoren A1 mellem Karachi og Dubai/Sharjah. Den punkterede linje viser OY-STL's formodede rute. Meldepunkterne er indtegnet. Spearfish er ikke anført i flyveplanen. 58E er i flyveplanen, men var nedlagt. Grafik: Sarah Al Balooshi.

Ikke alene er Sterling-flyet langt ude af kurs. Det er i virkeligheden også betydeligt længere væk fra Dubai end piloterne antager, men det har de tilsyneladende ikke mistanke om. Kl. 17.49 rapporterer NB 296 til Dubai-kontroltårnet, at flyet er 95 sømil (176 km) fra Dubai, og at flyet ønsker at begynde nedstigning omgående – seks minutter tidligere end man meddelte kontroltårnet blot syv minutter tidligere! 95 sømil (176 km) svarer til mindst 20-22 minutters flyvning under disse omstændigheder. I virkeligheden er NB 296 ca. 162 sømil (300 km) fra Dubai og begynder altså indflyvningen ca. 54 sømil (100 km) for tidligt.

Havarirapporten antager, at lysene fra Kalba og Fujairah by har bestyrket piloternes vished om, at de er meget tæt på Dubai, og at det er lysene fra Dubai, de har set. En af teorierne går ud på, at piloterne har antaget to husrækker med lygtepæle mellem husene ved Shaikh Sayed Bin Sultan Road i Fujairah som værende Dubai lufthavnen. Dubai lufthavnen indflyves på kurs 300 (bane 30) eller kurs 120 (bane 12). Husrækken ligger imidlertid i retningen kurs 330. Men flyet har endnu ikke passeret Sharqiyin-bjergkæden, og katastrofen bliver en uundgåelig realitet!

Nutidigt foto af husrækkerne i Fujairah som piloterne antages at have vurderet til at være Dubai lufthavnen. Foto: Jørgen Dahl-Sørensen

Kong Frederik d. V giver i 1756 tilladelse til, at der skal udsendes en ekspedition til Arabien for at uddanne Trankebar-missionærerne således, at de kan foretage studierejser i det sydlige Arabien ved siden af deres missionsarbejde i den danske koloni Trankebar – ved Bengalen på østsiden af Indien, et par hundrede kilometer syd for Chennai (Madras).

Efter mange problemer med at finde den bedst egnede leder bliver en meget ung Carsten Niebuhr valgt til at lede ekspeditionen. Ekspeditionen på i alt seks medlemmer afsejler fra København i januar 1761 med skibet Grønland med kurs mod Middelhavet.

I 1764 er ekspeditionen nået til Bombay. Der er nu kun to medlemmer tilbage – de fire andre er bukket under for forskellige sygdomme. Men da Carsten Niebuhr den 8. december afsejler fra Bombay med kurs mod Muscat på et engelsk krigsskib, er han den eneste overlevende fra ekspeditionen.

Skibet følger ruten, som Sterling Airways NB296 208 år senere skulle have fulgt, og når med datidens astronomiske navigation, og muligvis den nymodens sekstant, tabeller og lodliner i god behold frem til Muscat, selv om man på havet har yderligere en parameter at korrigere for i navigationen, nemlig strømmen.

På næste side vises Carsten Niebuhr's rejserute for den danske ekspedition til Arabien i årene 1763 – 1764 .

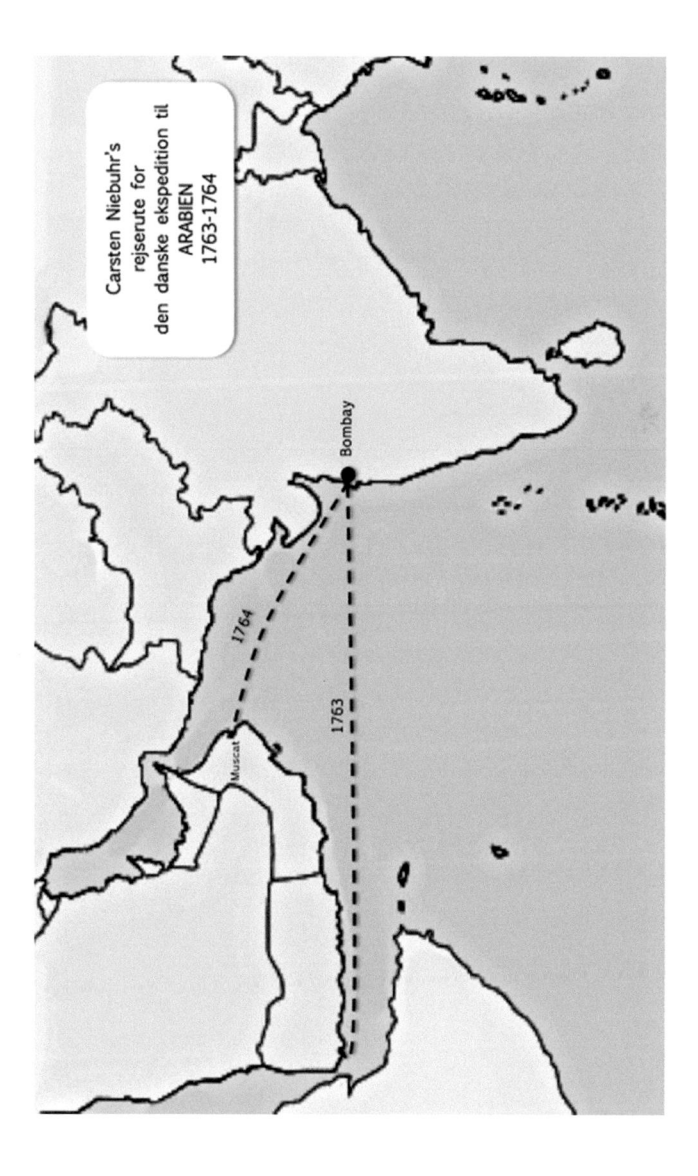

Carsten Niebuhr's
rejserute for
den danske ekspedition til
ARABIEN
1763-1764

Bombay

Muscat

1764

1763

Identifikationsarbejdet

Nabobyen til Dubai hedder Sharjah og ligger kun få kilometer fra Dubai. De to byer er i 2013 bygget næsten fuldstændigt sammen. Alligevel tænker jeg mig om to gange, før jeg begiver mig af sted fra Dubai til Sharjah for at forsøge at gøre en god handel med persiske tæpper i byens berømte tæppebasar – også selv om jeg har gæster på besøg, som jeg egentlig gerne ville give en god oplevelse. Det kan nemlig tage timer at nå frem, da trafikken er intens og vejnettet utidssvarende.

Myndighederne i Dubai og Sharjah taler tilsyneladende slet ikke sammen om at få løst et endda meget stort trafikproblem. Intet er dog så skidt, at det ikke er godt for noget – og det gælder også trafiksituationen mellem Dubai og Sharjah. Fordelen ved den er, at der altid bliver tid til at se sig godt omkring. Undervejs på King Abdul Aziz Street i Sharjah i 1980erne kunne man således pludselig få øje på et kontroltårn til en lufthavn. Det stod helt umotiveret tæt på gaden, som ellers var omgivet af beboelsesejendomme og forretninger.

King Abdul Aziz Street som den ser ud i dag. Foto: Sarah Al Balooshi.

Fra 1932 og frem til 1971 har King Abdul Aziz Street i Sharjah været start- og landingsbane for det britiske flyvevåben, Royal Air Force. Luftbasen er endelig forladt af briterne i slutningen 1971, men i årene derefter bliver den brugt som civil lufthavn, til den nye Sharjah International Airport er bygget færdig uden for byen og taget i brug i 1977.

Den tidligere Royal Air Force base i Sharjah bliver af myndighederne valgt til stedet, hvor identifikationshold fra Danmark, Norge og Sverige kan arbejde med identifikation af de omkomne fra Sterling Airways katastrofen i 1972. På stedet findes tilstrækkeligt med kølerum samt andre faciliteter nødvendige til dette arbejde. Logistikken her er optimal, da det samtidig er en operationel lufthavn. Basens myndige og højt respekterede chef, Major Burns, er en enestående støtte til identifikationsholdet under hele identifikationsprocessen.

De fleste af bygningerne fra Aviation Station Al Mahatah er stadigvæk bevaret. I dag er der flymuseum i bygningerne. Her kontroltårnet. Foto: Sarah Al Balooshi.

Også her viser myndighederne stor velvilje og hjælpsomhed, og at fremskaffer alt det udstyr, de kan, til det forestående identifikationsarbejde.

50

For at lette arbejdet har identifikationsgruppen i hast fremskaffet omfattende materiale om de omkomne – f.eks. fotos, tandkort, beskrivelse af ure, smykker, beklædning etc.

Arbejdet går i gang fire dage efter ulykken, og efter syv dage var 47 af de omkomne endeligt identificeret. Gruppen må samtidig erkende, at man ikke kan nå videre i Sharjah. Det resterende identifikationsarbejde foregår derfor i København.

112 zinkforede kister er i mellemtiden ankommet fra England. De omkomne lægges i kisterne af et engelsk begravelsesfirma, der også lodder kisterne til.

Den 25. marts leder en engelsk feltpræst en mindehøjtidelighed i Sharjah lufthavnen med deltagelse af medarbejdere fra de skandinaviske udenrigstjenester.

Samme dag bliver samtlige 112 kister i et Martin Air DC9F transportfly fløjet til Flyvestation Værløse vest for København. De identificeredes kister stilles op i en hangar, hvorfra de pårørende hurtigt afhenter dem til begravelse/bisættelse forskellige steder i Danmark, Norge, Sverige, Finland og Tyskland. De uidentificeredes kister kommer til Retsmedicinsk Institut i København, hvor eksperterne gør endnu et forsøg på at identificere flest muligt.

Desværre lykkes det ikke endeligt at fastslå identiteten på 16 af de omkomne.

Grundtvigskirken er senere ramme om en mindegudstjeneste for de 16 uidentificerede og otte identificerede ægtefæller, som alle bliver begravet den 27. april 1972 i en fællesgrav på Bispebjerg Kirkegård.

Fællesgraven på Bispebjerg Kirkegård. Et smukt og velholdt område.
Foto: Sarah Al Balooshi.

Den lokale pressedækning

I 1972 er aviser en sjældenhed i Dubai. Desuden er mange af indbyggerne analfabeter. Derfor kender meget få mennesker på gaden i Dubai på det tidspunkt til katastrofen i Fujairah.

Dog, Reuter udarbejder dagligt, som en reminiscens fra den engelske administration, en fire-siders duplikeret skrivelse, som fortrinsvis læses af udlændinge.

18. marts 1972 – altså fire dage efter katastrofen – omtales ulykken for første gang i de lokale nyhedsmedier. Informationsministeriets tidsskrift, Abu Dhabi News bringer en artikel om katastrofen på forsiden under overskriften: No survivors in Gulf area plane crash.

Artiklen oplyser, at fem helikoptere fra Abu Dhabi Air Force deltog i redningsarbejdet. Nedstyrtningsområdet bliver beskrevet som et ufremkommeligt, ubeboeligt område uden veje og med floddale med rivende strømme.

Endvidere at Fujairah emiratets skæggede hersker, den 70-årige Sheikh Muhamad Bin Hamid Al Sharqi, har sendt kondolencetelegram til Danmarks dronning samt til Sveriges og Norges konger.

21. marts 1972 skriver Associated Press New Bulletins UAE-udgave (Sharjah) om ulykken og om den igangværende undersøgelse for at finde frem til årsagen til katastrofen. Artiklen antyder, at ulykken skyldes en pilotfejl, samt at der ikke er begået fejl af personalet i Dubai-kontroltårnet.

2. april 1972 skriver Gulf Mirror, at den danske handelsattache i Beirut, Hr. Holm, på den danske regerings vegne takker kronprinsen og landets premier-minister, Shaikh Khalifa Bin Zayed, for hjælpeindsatsen, som er ydet af Abu Dhabi regeringen.

De mulige årsager til katastrofen

Havarirapporten fra november 1973 angiver som årsag til katastrofen,
- at flyet fløj for lavt!
- at piloterne troede, de var nærmere Dubai end de i virkeligheden var
- samt at piloterne troede, at lysene fra byerne Kalba, Fujairah og Ghurayfah var lysene fra Dubai by og Dubai lufthavn.

Der findes allerede i 1960'erne en række flytyper, som er egnet til inter-kontinentale ruter og kan flyve turen København – Colombo non-stop. Det var flytyper som Douglas DC 8, Boeing 707, Convair Coronado 990 osv.

Sterling Airways Super Caravelle 10B er oprindeligt konstrueret og ud-styret til flyvning inden for et og samme kontinent.

Flyulykker er i mange årtier næsten altid sket i forbindelse med start eller landing. Antallet af ulykker i forbindelse med landinger er signifikant højere end ulykker ved start. Sterling Airways-ruten fra København til Colombo og retur kræver i alt 16 starter/landinger.

Sterling Airways Super Caravelle 10B er ikke udstyret med tilstrækkeligt radio- og navigationsudstyr til interkontinentale flyvninger. Besætningen humper sig igennem med relay radiokommunikation til lufthavnene ved hjælp af velvilje fra andre korrekt udstyrede fly. Relay kommunikation forøger selvsagt også risikoen for fejlkommunikation (misforståelser).

Opdaterede og pålidelige vejrinformationer er i 1970erne essentielle for optimal navigation. Det lykkes ikke for piloterne at få en opda-teret vejrmelding for strækningen Bombay-Dubai fra vejrtjenesten i Bombays lufthavn. De vil ikke vente! Her bliver overholdelse af tids-planen sat højere end en frisk vejrmelding, der ville medføre større flyvesikkerhed.

NB296 rapporterer allerede 20 minutter efter starten fra Bombay, at flyet passerer SALMON hele fire minutter før flyveplanen. Dette bør sætte noget i gang hos piloterne eller i det mindste skærpe deres opmærksomhed på, at der muligvis er meget større afdrift end oprindeligt kalkuleret.

En flyveplan (Flight Plan) er skræddersyet til en bestemt flyrute med en bestemt flytype med bestemte motorer. Dette for præcist at kunne checke korrekt navigation og brændstofforbrug, kommunikation med lufthavnenes kontroltårne etc. etc.. Sterling Airways NB 296 har ikke alene brugt en forældet flyveplan med et ændret kontrolpunkt. Besætningen bruger også en flyveplan beregnet ud fra svagere motorer end dem der er på OY-STL.

Flymekanikeren om bord er certificeret til at foretage eftersyn på Super Caravelle 10B.

Stewardesserne har alle tre et par års erfaring. De har gyldige certifikater og har gennemgået relevante kurser i katastrofetræning.

Cockpitbesætningen på NB296 er ikke den mest rutevante. Luftkaptajnen har fløjet turen til Colombo et par gange tidligere. Seneste tur er 9. april 1971 – eller ca. 11 måneder før ulykken – som 2. pilot. Dette er hans første tur til Ceylon som kaptajn. Han har indtil da logget 6.600 flyvetimer, de fleste i DC6B samt Caravelle. Han har blandt nogle af datidens piloter ikke just skudsmål som en Guds gave til aviation.

Andenpiloten er med NB296 på sin første tur til Mellemøsten.
   Han sætter sig i cockpittet uden at have modtaget rute briefing.
   Har ejheller deltaget i den obligatoriske rute træning.
   Han har ikke været gennem simulatortræning dækkende lufthavnene på ruten, og han har heller ikke modtaget briefing om lufthavnene på ruten. Alt dette, uagtet at ruten stiller særlige krav til pilotnavigation.

Sterling Airways Flight Operation Manual har opstillet strengere interne kvalifikationskrav for piloter end Ministeriet for Offentlige Arbejder har opstillet. Derved skaber Sterling Airways udadtil indtrykket af en høj standard, hvorefter man ulovligt dispenserer sig selv ned under standarden ved at sætte andenpiloten på denne skæbnesvangre tur til Ceylon.

Andenpiloten havde før starten på turen ialt 3.785 flyvetimer på loggen, heraf 1.400 i Caravelle.

Dersom bane 29/11 i Fujairah lufthavnen havde eksisteret allerede i 1972, kunne katastrofen måske have været undgået. Sterling Airways NB 296 var meget ude af kurs og havde helt fejlvurderet den faktiske afstand til Dubai. I denne tænkte situation ville Sterling Airways-flyet måske have troet, Fujairah var Dubai lufthavnen og bare landet på bane 29. Det er sket flere gange, at man har set fly lande i en forkert lufthavn bl. a. i Sverige med meget røde pilotører til følge. Men mange menneskeliv kunne da have været sparet.

I luften såvel som på havet er stedsbestemmelsen vital i navigation. På søen kaldte man det i 1970erne "bagerbutik-navigation", når en lystsejler mistede orienteringen og sejlede uden søkort. På det tidspunkt var der mange, der anskaffede lystbåd uden at ane, hvordan man navigerer. Den desorienterede sejler får øje på en havn og sejler derind. Det er for flovt at spørge de andre sejlere eller tilfældige, hvad byen hedder, og han går derfor til bageren og køber brød – så kan teksten på bagerposen hjælpe med fastslå sejlerens position for denne dag.

Hvad sker der af forbedringer efter katastrofen?

Organisationsændringer hos Sterling Airways efter 14. marts 1972
Sterling Airways organisationen bliver strammet gevaldigt op efter katastrofen. Topfolkene i afdelingerne drift, planlægning og udcheckning får andre jobs. Flyvechefen, chefen for besætningskontoret samt chefpiloten har ikke fuldt ud levet op til deres ansvar. Flyvechefen får tilbudt et job mere end 10.000 km fra København!

Nye procedurer for flyveplaner bliver omgående sat i system.
- Datering,
- kontrol af seneste udsendte flyveplan,
- sikring af, at kun autoriserede flyveplaner er ombord,
- destruktion af ubrugte flyveplaner efter endt flyvning, samt
- annullering af eksisterende flyveplaner ved hver vigtig ændring
var elementer i det nye system. Ved ruter, der kræver ekstra pilot navigation, skal der fremover på flyveplanen indskrives aktuel navigationslog, så man efterfølgende kan se, hvorledes navigationen er udført.

Luftfartsdirektoratet
Der går 3½ år, før efterforskningen af flykatastrofen er afsluttet. Dette indebærer, at et eventuelt strafansvar ikke kan placeres, da det er forældet. Luftfartsdirektoratets havariafdeling undskylder det lange tidsforløb med, at direktoratet er overbelastet.

Ulykken medfører dog samtidig en opstramning af kontrolprocedurerne med charterselskaberne.

Ulykkens materielle konsekvenser
Ulykken medfører generelle ændringer i flyenes udrustning, dersom totalvægten er over 5.700 kg. Ændringerne er opdelt i to grupper.

Den ene gruppe skal forbedre flysikkerheden. Den anden gruppe skal hjælpe havarikommisionen til opklaring af flyulykker.

Forbedring af flysikkerheden sker gennem installation af GPWS (Ground Proximity Warning Systems) i flyene – et system, der advarer piloterne om for lav højde eller, at man har kurs mod et objekt.

Til støtte for opklaring af haverier bliver det besluttet, at ikke alene Flight Recorderen skal være orange eller en iøjnefaldende farve, det skal fremover også casetten inde i Flight Recorderen. Casetten var på NB296 slynget bort fra Flight Recorderen, og var meget svær at få øje på på katastrofestedet. Det bliver ligeledes besluttet at installere Cockpit Voice Recorder på flyene.

Historien om Sterling Airways A/S
1962 – 1988

Tjæreborg-præsten, alias Ejlif Krogager, er fra midten af 1950erne til 1989 fast avis- og ugebladsstof. Ejlif Krogager er interessant som ejer af 'det himmelske rejsebureau med de helvedes små priser' og lægger også krop til en lang række sommerrevyer – det var en god historie med pastoren, der ved siden af præstegerningen blev en succesrig rejsearrangør.

Det hele begynder i 1950, hvor Svend Aage Mathiesen, lærer og kirke-sanger, sammen med lærer Peter Ingwersen får ideen med busrejser og kontakter Ejlif Krogager, der omgående "bliver solgt" på ideen. Kort tid efter grundlægger Ejlif Krogager Nordisk Bustrafik.

Han er selv rejseleder i starten, og successen er hurtigt en realitet. Alle-rede i 1953 kommer navnet Tjæreborg Rejser/Nordisk Bustrafik A/S ind i brochurerne. I løbet af forholdsvis kort tid er Tjæreborg Skandinaviens største rejsekoncern med 80 busser.

Det er ikke kun Ejlif Krogager i Krogager familien, der er aktiv på rej-sefronten. Hans bror Helge Krogager, skolelærer på Tranegårdsskolen i Hellerup, starter også i 1950'erne et rejsebureau sideløbende med lærer-gerningen. Rejsebureauet hedder Overlærer Krogager's Selskabsrejser. Det tilbyder blandt andet busrejser til Paris.

Ejlif Krogager opretter i 1962 Sterling Airways med svenskeren og piloten Anders Helgstrand som flyvechef. Selskabet anskaffer to DC-6 B1, som Sterling køber brugt hos Swissair. På Sterling Airways' første flyvning er det broderen Helge Krogager, der repræsenterer Krogager familien. I 1965 begynder Sterling Airways at flyve Sud Aviation Caravelle, og ved 25 års jubilæet i 1987 har selskabet 19 maskiner og fragter 800.000 passagerer om året. Allerede i 1970 er Sterling Airways verdens største flychartersel-skab med flyrejser til blandt andet Nordamerika og Fjernøsten

Kong Henrik d. 4. af FRANKRIG sagde:

PARIS

er nok en messe værd!

I dag kan den klares for **428** kr.*
— VEL AT MÆRKE — hvis man tager med:

Overlærer KROGAGERs selskabsrejser

*) Til ligeså populære priser:
Italia completa - Svejts ⁼ Tyrol ⁼ Harz ⁼ Rhin og Jugoslavien

Overlærer Krogagers annonce om selskabsrejser fra omkring 1955

Ejlif Krogager er en af datidens store entreprenører eller iværksætter. Han ser lynhurtigt mulighederne og kommer hurtigt fra start hver gang. Han er først med busrejser, først med charterfly og ser meget tidligt mulighederne i et integreret it-system i rejsebranchen. Han har ry for at være en stærk og benhård forhandler. Han bruger ikke flere penge end højst nødvendigt, hvilket selvfølgelig kan være et problem inden for flysikkerhed i ordets bredeste forstand.

I 1986 bliver Sterling Airways udskilt fra Tjæreborg Gruppen, og i 1988 kommer danske investorer og medarbejdere fra Sterling Airways gennem et management buy-out til at kontrollere 51% af aktierne. Ejlif Krogager trækker sig tilbage til pensionisttilværelsen.

Ejlif Krogager blev født 5. februar 1910 og døde 7. januar 1992.

Sud Aviation Caravelle

I begyndelsen af 1950'erne påbegynder den franske stat et udviklingspro-jekt for et civilt passagerfly, idet man ved, at ingen fransk flyfabrik alene har den fornødne kapital til at gennemføre et projekt i den størrelsesorden.

Staten beder landets flyindustri om at komme med et bud på fremtidens passagerfly. Målet er et fly med kapacitet op til 65 passagerer, og med en rækkevidde på 2.000 km ved en hastighed af 600 km/t.

Der indkommer 20 forslag. De fleste forslag er med turbo-prop motorer, altså propelmaskiner med propellerne drevet af jetmotorer i stedet for de indtil da brugte stempelmotorer. Fabrikken SNCI du Sud-Ouest fremkommer dog med et interessant forslag bygget på "ren" jetdrift – med to stk. Rolls-Royce Avon RA 7 motorer samt to mindre Turbomeca Marbores som hjælpemotorer.

Rolls-Royce udvikler hurtigt en stærkere motor med 9.000 lbs thrust, som gør Turbomeca motorerne overflødige, og SNCI Sud-Ouest fremsender derfor et nyt design med tre stk. Rolls- Royce Avon motorer.

Komiteen beder derefter om en to-motores version, og SNCI Sud-Ouest leverer et design med begge motorer monteret på siderne af bagkroppen. Det er dristigt i 1952 og også enestående på dette tidspunkt. Designet bliver godkendt, og den første prototype går i luften i april 1955, udstyret med to stk. jetmotorer af typen Rolls-Royce RA 26 Mk. 522, hver med 10.000 lbs. I 1956 leverer fabrikken de første fly til Air France, efterfulgt i 1957 af det første jetfly til SAS flåden.

SNCI Sud-Ouest går derefter sammen med Sud-Est, og Sud-Aviation er en realitet med udviklingen af Caravellen.

Siden har andre flyfabrikker kopieret design-princippet med kropsmonte-rede motorer på rutefly. Tupolev 104 er det første, og i 1956 følger Tupolev

124. Tupolev 134 og Vickers Super VC-10 kommer i 1964, Boeing 727 og McDonald Douglas DC9 i 1965. Senere præsenteres BAC1-11, Ilyushin IL62, Tupolev 154 og Fokker 100 i 1988. Sidste skud på stammen er Bombardier CRJ1000 og Global7000 samt de kinesiske Comac ARJ21 og C919. Designet lever fint den dag i dag – især inden for forretningsfly.

Der er bygget ni forskellige versioner af Caravellen, og i alt blev 280 maskiner leveret. Gennem tiderne har de forskellige modeller syv forskellige motortyper. Caravellen bliver også forlænget med ca. fire meter – Caravelle 12. De sidste af disse maskiner forblev i brug i Afrika indtil for få år siden.

Sterling Airways har benyttet tre typer Caraveller: Caravelle 210, Caravelle 10B/Super Caravelle samt Caravelle 12, den forlængede udgave.

Sterling Airways Super Caravelle 10B3, OY-STL fra 1970. Foto: Kjell Nilsson.

Sterlings Caraveller

Sterling Airways har gennem tiden gjort brug af i alt 35 forskellige Caraveller. 13 af dem er købt godt brugt (11-12 år gamle) fra United Airlines, mens hovedparten af de øvrige har fløjet for Sterling Airways fra de var nye. Selskabet brugte tre hovedtyper. Model VI R benævnt Caravelle, model 10 B3 benævnt Super Caravelle samt model 12, som blot kaldes Caravelle Type 12.

Byg-ge no.	Model	Kendings bogstav	Byg-geår	Maks. Vægt Tons	Motor Fabrikat	Motor Type	Flyti-mer ved le-vering
88	VI R	OY-SAH	1961	50	RR Avon	532 R	16854
89	VI R	OY-SAL	1961	50	RR Avon	532 R	17097
90	VI R	OY-SAP	1961	50	RR Avon	532 R	17399
91	VI R	OY-SBV	1961	50	RR Avon	532 R	16770
93	VI R	OY-SBW	1961	50	RR Avon	532 R	16770
94	VI R	OY-SBY	1961	50	RR Avon	532 R	16624
95	VI R	OY-SAM	1961	50	RR Avon	532 R	17020
98	VI R	OY-SAN	1961	50	RR Avon	532 R	15917
99	VI R	OY-SAK	1961	50	RR Avon	532 R	16561
101	VI R	OY-SAO	1961	50	RR Avon	532 R	15969
103	VI R	OY-SAR	1961	50	RR Avon	532 R	16725
104	VI R	OY-SAJ	1961	50	RR Avon	532 R	15505
114	VI R	OY-SBZ	1961	50	RR Avon	532 R	15680
183	10 B3	OY-STA	1964	52/54	P & W	JT8D-1	80
186	10 B3	OY-STB	1966	52/54/56	P & W	JT8D-1	8
212	10 B3	OY-STC	1966	52	P & W	JT8D-1	1301
238	10 B3	OY-STD	1968	52/54	P & W	JT8D-7	19
249	10 B3	OY-STE	1968	52/54	P & W	JT8D-7	9
255	10 B3	OY-SAY	1969	52	P & W	JT6D-7	9
257	10 B3	OY-STF	1969	54/55	P & W	JT8D-7	11
259	10 B3	OY-STG	1969	54/55	P & W	JT8D-7	9
262	10 B3	OY-STH	1969	54/55	P & W	JT8D-7	9
263	10 B3	OY-SAZ	1970	54	P & W	JT8D-7	5
265	10 B3	OY-STI	1969	54/55	P & W	JT8D-7	9
266	10 B3	OY-STK	1970	56	P & W	JT8D-9	29
267	10 B3	OY-STL	1970	56	P & W	JT8D-9	8
268	10 B3	OY-STM	1970	56	P & W	JT8D-9A	7
269	12	OY-SAC	1970	58	P & W	JT8D-9A	156
270	12	OY-SAA	1971	58	P & W	JT8D-9A	22
271	12	OY-SAB	1971	58	P & W	JT8D-9A	8
272	12	OY-SAD	1971	56/58	P & W	JT8D-9A	10
273	12	OY-SAE	1972	58	P & W	JT8D-9A	8
276	12	OY-SAG	1972	58	P & W	JT8D-9A	9

Caravelle – 56 tons

Ulykkesflyet OY-STL bygge nr. 267 er et fly af en serie på i alt tre Super Caraveller (10 B3) som er bestilt af Sterling Airways i 1969. Sterling Airways ønskede her specielle specifikationer med center brændstofstank og ekstra stor startvægt på 56 tons. Dertil ekstra stærke motorer, Pratt & Whitney JT8D-9/9A.

Denne specialudgave er kun bygget i disse tre eksemplarer, som fik kendingsbogstaverne OY-STK, OY-STL samt OY-STM.

Alle tre fly har bidraget til ulykkesstatistikken på uheldigste måde.

OY-STK er under taxi i Teheran Mehrabad lufthavnen den 15. marts 1974, da det højre landingsstel pludselig bryder sammen. Årsagen til sammenbruddet er metaltræthed. Ved sammenbruddet bliver højre hovedbrændstoftank beskadiget og antændt. 15 personer omkommer. Havarikommisionen er meget chokeret over at finde metaltræthed i et fly, der kun er fire år gammelt.

OY-STL forulykker i Shanquin bjergene ved Fujairah 14. marts 1972. 112 mennesker omkommer.

Ejet af det nye Sterling Airways efter management buyout i 1988, forulykker OY-STM 5. oktober 1990 under taxi/line-up i Hellinikon lufthavnen ved Athen. Understellet bryder simpelthen sammen. Årsagen til sammenbruddet skyldes tæring i 'Hinge Beam'. Hvorfor bliver dette ikke opdaget under det seneste D-check?

Flyet vurderes 88% beskadiget.

Ikke desto mindre er det atter på vingerne i november 1990. Reparationen sker blandt andet ved at udskifte understellet med et understel fra en udrangeret Sterling Airways Super Caravelle (OY-STD).

Det er velkendt, at det er de sidste ordrer i en bestemt flytypes produktionstid, der giver overskuddet til flyfabrikanten.

OY-STK, OY-STL samt OY-STM er nogle af de sidste Caravelle-fly som Sud Aviation producerede. Har fabrikken her været lidt for hurtig til at sige ja til at levere Caraveller med større brændstoftank og dermed større startvægt?

Kritisk vurdering

NB 296 piloternes kvalifikationer for flyvning i Mellemøsten er siden katastrofen blevet vurderet og kommenteret i utallige medier.

Jo længere væk man bevæger sig fra byen Tjæreborg, des mere kritisk er man over for piloternes kvalifikationer. Både kaptajn og 2. pilot bliver af flere anset som værende ukvalificeret til denne flyvning. Ikke alene bringer de deres passagerer og besætning i ulykke, men ved at krydse ind i en anden flykorridor på grund af fejlnavigation, bringer de også andre fly i fare.

Navigationsudstyret og cockpitudstyret i øvrigt er kun lige akkurat tilstrækkeligt til flyvning indenfor Europa.

Flere luftfartsselskaber der har brugt Caravelle 10 B3 og Caravelle 12, fløj med tre personer i cockpittet – altså med dedikeret navigatør – for sikker navigation. Sterling Airways havde kun to piloter i cockpittet.

Efter OY-STL-ulykken skete der væsentlige forbedringer hos Sterling Airways. Retrospektivt understreger dette, at indtil 14. marts 1972 har organisation, administration og drift af Sterling Airways langt fra været effektiv, og flyenes radio- og navigationsudstyr var for ringe.

Den svenske kritik

Igennem flere år og før Sterling Airways katastrofen i Fujairah var forholdet spændt mellem den svenske pilotforening og Sterling Airways A/S. Sterlings svenske piloter måtte således ikke lade sig organisere i den svenske pilotforening.

Allerede to dage efter katastrofen meddeler den svenske pilotforenings formand, at Sterling Airways' ledelse ikke har indført de samme sikkerhedsregler, som andre skandinaviske flyselskaber anvender. Endvidere fremfører formanden, at Sterling Airways-piloterne bliver tvunget til at flyve længere end den svenske pilotforenings medlemmer må. Formanden gør dog opmærksom på, at hans udtalelser intet har at gøre med flyulykken i Fujairah!

Omkring offentliggørelsen af havarirapporten i 1974 blusser den svenske kritik af Sterling Airways op på ny. Artikler i svenske aviser antyder, at Sterling Airways arbejder på at få tilbageholdt havarirapporten, da den vil blive en belastning for selskabet. Dette bliver imidlertid tilbagevist af Luftfartsdirektoratets tekniske afdeling. Imidlertid fortsætter kritikken i Sverige – med overskrifter som "Vover vi at flyve med Sterling Airways" samt artikler der fastslår, at havarieksperter aldrig har været så skarpe og kategoriske mod et luftfartsselskab som ved Sterling Airways katastrofen i 1972. Endvidere at Sterling Airways efter katastrofen har gennemført radikale organisationsændringer, da en række ledere ikke har leveret varen.

At Sterling Airways direktør udtaler, at 'han ikke giver meget for denne havarirapport', tager den svenske presse også ilde op. Denne udtalelse er enestående, da flyselskaber i almindelighed har stor respekt for havarieksperterne og normalt vil gøre alt for at rette eventuelle fejl.

På grund af selskabskonstruktionen har Sterling Airways økonomi været uigennemsigtig, og derfor kan det ikke umiddelbart vurderes, hvilken økonomisk formåen Sterling Airways har haft til at satse på flysikkerhed.

Kort tid efter sker der endnu en Sterling Airways-flyulykke i Teheran (15.03.1974) med 15 omkomne, og den svenske pilotforening griber igen pennen med kritik af ikke alene Sterling Airways, men også af Spies Rejsers Conair.

Svensk Pilotforening angriber igen 30. april 1974 den undersøgelsesrapport, der er udarbejdet omkring 17 anklager mod Sterling Airways, indgivet af svenske piloter for at have tilsidesat flysikkerheden. Rapporten er udfærdiget af Luftfartsdirektoratet i Danmark sammen med to svenske observatører. Ved rapportens offentliggørelse anføres det, at Sterling Airways i intet af tilfældene har kompromitteret hensynet til sikkerheden. I fire tilfælde finder man dog grund til anmærkninger, hvis strafferetslige aspekter skal overvejes i Luftfartsdirektoratets juridiske afdeling. Den svenske kritik hævder, at rapporten ikke er uvildig, selv om der er svenske observatører. De svenske kritikere påstår, at det danske luftfartsdirektorat må anses som part i sagen, da de påtalte fejl i Sterling Airways er muliggjort af de danske myndigheders mangelfulde kontrol.

Den svenske pilotforening fremsætter krav til den svenske regering om, at de svenske myndigheder skal have adgang til inspektion af udenlandske fly med omfattende trafik i Sverige. Mere præcist presser pilotforeningen på, for at Sterling Airways-fly kan blive genstand for de svenske luftfartsmyndigheders kontrol. Den svenske regering afviser endeligt de svenske piloters krav på et regeringsmøde den 17. februar 1976.

Den Særlige Undersøgelseskommission

Den oprindelige Flyvehavarirapport om flyulykken med OY-STL i Fujairah er færdig 12. november 1973.

Siden flykatastrofen er der gentagne gange bragt rygter til torvs om forskellige kritisable forhold omkring luftkaptajnen og andenpiloten på NB296, om Sterling Airways A/S samt af Luftfartsdirektoratet. Rygterne bliver ikke tilstrækkeligt aflivet i Flyvehavarirapporten fra 1973.

Ministeriet for Offentlige Arbejder beslutter 29. januar 1974, efter offentliggørelsen af den oprindelige Flyvehavarirapport, at lade Den Særlige Undersøgelseskommission foretage en yderligere undersøgelse af flykatastrofen uden direkte deltagelse af Luftfartsdirektoratet og Sterling Airways A/S. Kommissionens medlemmer består af en dommer, repræsentanter fra Flyvevåbnet, luftkaptajner og flyvechefer. Sterling Airways' advokat repræsenterer dog Sterling Airways under kommissionens arbejde.

Ministeriet for Offentlige Arbejder underkender ikke den oprindelige Flyvehavarirapport og understreger derfor, at Den Særlige Undersøgelseskommission's rapport er et supplement til den oprindelige Flyvehavarirapport fra 1973.

Den Særlige Undersøgelseskommissions rapport bliver offentliggjort i oktober 1975 og er nedenfor gengivet i sammendrag.

Var piloterne berusede? En række afhøringer fastlår, at intet tyder på at piloterne var påvirket af spiritus. Den afgående besætning, personalet på hotellet, luftfartsmyndighederne i Colombo samt luftfartsmyndighederne i Bombay havde ikke bemærket noget usædvanligt. At piloterne havde deltaget i et drikkeorgie aftenen før flyvningen, havde intet på sig.

Rapporten hæfter sig ved replikkerne mellem OY-STL og Dubai-kontroltårnet kl. 17.43.00. Her går det op for piloterne, at de er langt væk fra den forventede position. Flyet har en forventning om en VOR radial til Dubai lufthavnen på 111 grader, og så er den i stedet 084 grader. Rapporten mener, at Dubai-kontroltårnet svarer 'Sure it's correct?' (Er du sikker på at det er korrekt?). Altså har selv Dubai-kontroltårnet svært ved at tro, at et fly kan komme så meget ud af kurs! Og Dubai-kontroltårnet er ikke udstyret med radar eller andet udstyr til at efterprøve VOR radialen.

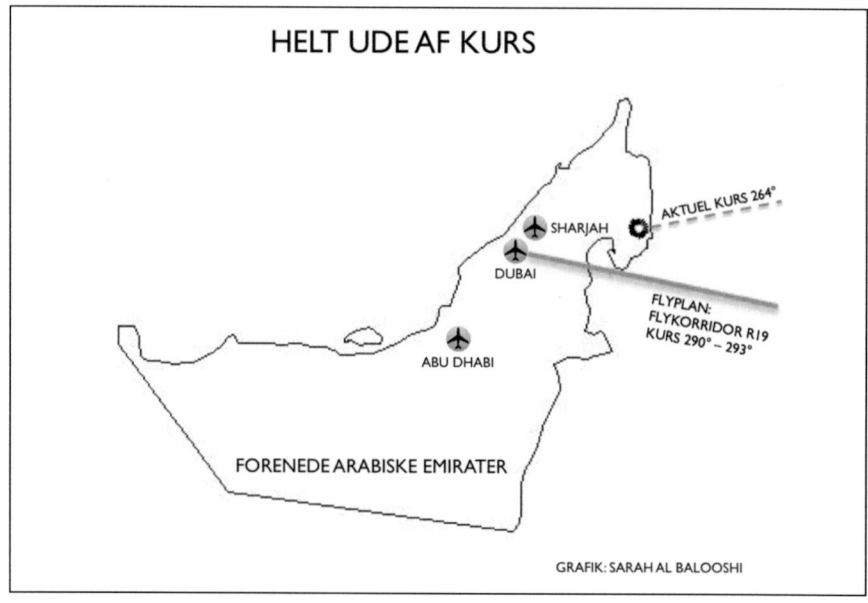

Helt ude af kurs. Dubai VOR på 084° svarer til OY-STL kurs på 264°.
Grafik: Sarah Al Balooshi.

Afdrift og positionsbestemmelse på flyvningen mellem Bombay og Dubai viser, at piloterne ikke udnytter de muligheder, der foreligger, for at bestemme afdrift og positionsbestemmelse samt hastighed over jorden. NB 296 var med stor sandsynlighed kun ca. 30 NM (56 km) fra Jiwani VOR, og hurtige skiftende pejlninger her ville afsløre, at flyet var meget ude af kurs og langt fra den position, piloterne troede.

DEN FORÆLDEDE FLYVEPLAN FOR NB 296

Dist.	ACC	MT ▼	OM W35	OH Bl. ATD	A/C Reg. ETO/RETO	ATO	FL	Remarks TAS;FF;FIR	STD	Corr	Est	Act	Conditions
102		253	Salmon/SLM (R 205 BV 243)		/		310		20		250		TOW
197		292	Seahorse/SHE (R 169 KC 112,1)		/			428/2650	29		3250		FL
241		261	Bluewhale (R 228 KC 112,1)		/				34		4700		STD
291		291	Dolphin/DPH (R 199 JI 113,9)		/		350	401/2250/1:57	25				STD
189	OBBI	252	5BE (R 356 GA 318)		/				28		6700		WC
130		291	Dubai DO 115,7		/				22		7350		ZERO

COPY OF FLIGHT PLAN
DATED OCT. 71
(2ND EDITION)

Conditions

	Standard	Act	Unit	Time	Fuel
TOW	54T		+1	+1	+100
FL			-1	-1	-50
STD			-1000	-7	+100
Temp			+10	+7	-150
STD			-10	-5	+250
WC			+20	-6	-200
ZERO			-20	+8	+300

Destination Correction:

Fuel Calculations	Standard Time	Fuel	Corrected Time	Fuel
Dest. 0V28	2:44	7650		
Alt. OKSJ Incl.1h Hold.				
Res. 107	0:16	600		
Holding	1:00	2700		
Min. Bl. Fuel	4:00	10450		
EXTRA				
Total Bl. fuel				
Dripped/Dipped:		Gauges:		
Burn off KGs:				
Tankage KGs:				

Checkpoint-ændring i flyveplanen (håndrettet) var man bekendt med på OY-STL flyvningen TIL Colombo, selv om man anvendte en forældet flyveplan. Checkpoint 58E er erstattet af SPEARFISH, og positionen var også ændret. Hvorvidt piloterne på hjemturen er opmærksomme på denne ændring i flyveplanen, har ikke kunnet konstateres. Men det er fastslået, at NB296 var 80 NM (148 km) nord for sin planlagte kurs, da SPEARFISH blev rapporteret af OY-STL til Dubai-kontroltårnet.

Spørgsmålet om, hvorvidt andenpiloten har eller ikke har været kvalificeret til flyvning i Mellemøsten, tilbagevises fuldstændigt af kommissionen på en række punkter. Oven i købet stiller ruten særlige krav i navigationsmæssig henseende. Andenpiloten har slet ikke i tilstrækkeligt omfang været til støtte for kaptajnen, som denne måtte forvente.

OY-STL benyttede rød luftvej R19 mellem Bombay og Dubai. Denne luftvej var ikke fuldt acceptabel, da den navigationsmæssigt var alt andet end let at beflyve. Kommissionen anførte, at 'en international luftvej ikke er ensbetydende med, at der er tilvejebragt tilfredsstillende muligheder for pilotnavigation'. Med andre ord skulle der vel nok have været en dedikeret navigatør om bord (3 personer i cockpit) til forsvarligt at udføre navigationen under flyvningen. Ydermere påpeges problemer med HF radiokommunikationen mellem OY-STL og Bombay-kontroltårnet.

Før Sterling Airways påbegyndte flyvningerne til Ceylon, foretager Sterling Airways en prøveflyvning uden passagerer. Efterfølgende udarbejder selskabet en rutebeskrivelse, som også redegør for navigationsmulighederne. Sterling Airways har imidlertid ikke kunnet finde denne rutebeskrivelse, og ingen af de afhørte kaptajner – med undtagelse af dem, der havde udarbejdet rutebeskrivelsen – kan mindes at have set den.

Kommmissionen opdager under sit arbejde, at Sterling Airways nogle gange benytter en sydligere rute, Grøn luftvej G96, på flyvninger direkte mellem Colombo og Dubai. Denne luftvej er også omtalt i Tjæreborg-brochuren om Ceylon turen. Dette uagtet, at en af Sterling Airways kaptajner allerede i 1971 skriftligt gør opmærksom på, at den sydlige ruteføring (G96) ikke er i overensstemmelse med Ministeriet for Offentlige Arbejders krav om driftsforskrifter. Også Sterling Airways flyvebesætningsforening gør i 1971 opmærksom på samme krav om driftsforskrifter på den sydlige rute, og at der ikke må flyves med passagerer på G96. Sterling Airways negligerer disse henvendelser og fortsætter flyvningerne på G96 helt frem til OY-STL katastrofen 14. marts 1972. Henvendelser om flysikkerhed fra Sterling Airways medarbejdere bliver syltet. Kommunikationen mellem den menige medarbejder og ledelse i Sterling Airways er dårlig eller ikke eksisterende. Og den daværende flyvechef er dårligt orienteret eller slet ikke orienteret om driftsforskrifter, som ellers skulle være "den lille abc" for at opnå optimal sikkerhed på flyvninger.

Kommisionen lægger ikke skjul på, at Sterling Airways ikke har ret godt styr på sagerne, hvad angik driften. Den er til dumpekarakter.

Efter OY-STL ulykken sker der væsentlige forbedringer hos Sterling Airways, hvilket retrospektivt igen understreger, at indtil 14. marts 1972 har organisation, administration og drift af Sterling Airways været kritisable.

'En kan ikke have sympati for et luftfartsselskab eller en kontrollerende myndighed, som kunne tillade en flyvemaskine med så mangelfuldt udstyr at flyve i det område med en besætning med så ringe samlet erfaring'

(FLIGHT International, 10. januar 1976 om Sterling Airways ulykken den 14. marts 1972 i Sharqiyin bjergene).

Sterling Airways Damage Control

I dagene umiddelbart efter katastrofen koncentrerer aviser og tv sig om redningsarbejdet og omtalen af de omkomne. Danmark er i chock over ulykkens omfang. Et egentligt forsøg på placering af ansvar eller skyld er sekundært på det tidspunkt.

Sterling Airways har i 1972 ingen dedikeret presse-koordinator eller informationsmedarbejder som et vindue mod verden.

Men aviserne 'fanger' direktør Anders Helgstrand fra Sterling Aitrways, og han kommenterer katastrofen. Anders Helgstrand, der selv er pilot, er dog et ret let offer for journalisternes spørgeteknik.

En måned efter styrtet, da pressen begynder at beskæftige sig med flysikkerhed i forbindelse med ulykken, udtaler Anders Helgstrand til Politiken: 'Jeg er sikker på, at ingen mand i et så betroet job som pilot ville flyve, om han ikke var sikker på, at det var helt igennem forsvarligt og ikke forbundet med nogen form for usikkerhed'.

Ved havarirapportens offentliggørelse siger Anders Helgstrand til pressen om selve havarirapporten: 'Jeg tror ikke man finder nogen pilot i verden, der er enige med den rapport. Jeg nægter at tro på, at piloternes kvalifikationer kan have noget med havariet at gøre. De havde haft en mængde rutinemæssige flyvninger til f.eks. De kanariske Øer, hvor forholdene byder på de samme betingelser'.

Til B.T. udtaler han 19. januar 1974 om havarirapporten: 'Ikke en eneste af de grunde der opremses, kan være årsag til styrtet. Det er jeg helt overbevist om'. På spørgsmålet om det ikke er rigtigt, at andenpiloten ikke opfylder de krav, som selskabet selv har opstillet, svarer Anders Helgstrand: 'Han var helt kvalificeret'. På spørgsmålet om det heller ikke er rigtigt, at besætningen har fået udleveret en forældet flyveplan, svarer

Anders Helgstrand: 'Det kan godt være, men den var god nok og havde ikke noget med ulykken at gøre'.

I februar 1974 udtaler Anders Helgstrand sig til Aarhus Stiftstidende som svar på den svenske pilotkritik: 'Sagen kan ikke diskuteres, for der er tale om systematisk tilsmudsning. Vi kender ikke beskyldningerne konkret, men ved kun, at det skulle dreje sig om flyvninger med overvægt, med uorden i instrumenterne og med utilstrækkelig kontrol og efterprøvning af flyene, men hvad fanden er det for noget at slynge ud'.

To år efter katastrofen tager den dengang navnkundige Flemming Madsen rigtig fat i Anders Helgstrand på tv. Her bliver der ikke lagt fingre imellem. Råt for usødet "griller" Flemming Madsen Anders Helgstrand med mange direkte spørgsmål og hentydninger i en meget skarp og direkte tone. Befolkningen er noget rystet over Flemming Madsens fremturen og uforskammetheder, og efter udsendelsen tager hovedparten af seerne Anders Helgstrands parti.

Anders Helgstrand blev født 16. oktober 1918 og døde 11. august 1985.

Katastrofestedet i dag

Vi har kørt turen mellem Dubai og Fujairah ad den gamle oprindelige landevej mange gange i årenes løb. Vi har gjort holdt ved det farverige marked ved Masafi for at købe frugt, sten, krukker, planter til haven eller blot for at strække benene. Når vi kort efter nåede Masafi by, deler vejen sig i to, og der var altid afstemning i bilen, om vi skulle køre ad den nordlige vej eller ad den sydlige vej omkring Sharqiyin bjergene for at nå ned til Oman Golfen.

Efterhånden er den gamle vej blevet meget trafikeret og farlig, og langt om længe er der åbnet en ny vej, Highway 116, der starter mod Kalba og Fujeirah området fra Bypass Road i udkanten af Sharjah. Vejen skærer sig meget smukt igennem ørkenen til Fossil Rock og videre til Sharqiyin bjergene. Flere steder går vejen i tunnel gennem bjergmassivet, og den rammer Oman Golfen syd for byen Kalba. Utallige gange har vi her på turen stirret mod bjergtoppene og tænkt, hvilke af disse bjergtoppe mon kunne være dem, som Sterling Airways flyet ramte en sen aften i marts 1972, og som stadig gemmer på vraget.

Highway 116 med Sharqiyin bjergene – og en kamel – forude.
Foto: Rasmus Dahl-Sørensen.

En dag belsutter vi at køre op til byen Hayl, som var og er den nærmeste beboelse til katastrofestedet. Vi kan ikke få øje på nogle beboere i den lille landsby, så vi fortsætter et stykke forbi byen ad en vej, som nu kun kan forceres med 4-hjulstrækkere. Alt er øde.

Byen Hayl kan kun nås via Fujeirah. Foto: Rasmus Dahl-Sørensen.

Vi har koordinaterne for katastrofen liggende i en mobiltelefon og kan derfor nogenlunde fastslå, i hvilken retning vraget nu må befinde sig. Men her bliver det klart, at vi skal en meget stor omvej, så vi kan passere en stejl bjergside med en højde på skønsmæssigt 600 meter.

Sidste stop før vi kører ind i ulykkesområdet. Forfatteren samt vor uundværlige bjergkørselsekspert Mahmoud i samtale med en beboer. Foto: Rasmus Dahl-Sørensen.

Fornemmelsen af, at vi måske kun er 2.000 meter fra katastrofestedet, berører os en hel del. Vi har det ikke helt godt med det. Vi fortsætter gennem en dal med nogle små hytter omkranset af palmer og urtehaver. Her får vi øje på en hyrde, der kommer vandrende med en flok geder. Vi stopper ham. Han hedder Mohammed og taler kun urdu. Helt tilfældigt er der en blandt os, der taler dette sprog, og han spørger Mohammed, om han har kendskab til en flyulykke i området for omkring 40 år siden. Han svarer, at han endnu ikke var født dengang, men at han kender stedet godt, da han går gennem nedstyrtningsområdet et par gange om året med sine geder. Han beretter videre, at der ligger vragrester overalt, og at det er meget vanskeligt at komme derhen. Han fortæller også, at han engang for nogle år siden blev kontaktet af de lokale myndigheder, som bad ham om at ledsage en dansk kvinde op til til katastrofestedet.

Hyrden Mohammed som fører os til nedstyrtningsområdet.
Foto: Rasmus Dahl-Sørensen.

Det er et fantastisk sammentræf, at vi tilfældigvis møder måske den eneste person, der jævnligt kommer forbi netop det sted, hvor katastrofen indtraf.

Han fortæller, at man ikke kan se nedstyrtningsstedet fra det sted, hvor vi står. De to bjergtinder, som Sterling flyet ramte, er skjult bag andre bjergtoppe. Mohammed er meget imødekommende, og da vi spørger ham, om han vil være vores guide, er svaret bekræftende.

Vi skal nu uden om bjergmassivet for at nå ind i en dal, og vor 4x4 får masser af motion. Vi holder vejret indtil flere gange, mens vi kører på bjergsidehylder, der er undermineret. Endelig når vi frem til indgangen til en dal. Der må vores 4x4 gå på 'stand by'. Fra da går det til fods, kravlende eller klatrende.

Slugten er den eneste adgangsvej, der fører til vragresterne.
Foto: Rasmus Dahl-Sørensen.

Det bliver en lang og krævende klatretur på store sten, over klippespalter og gennem en øde dalsænkning. Efter ca. to km dukker de første tegn op på, at her engang er sket noget usædvanligt. Gamle rustne tomme konservesdåser fra militære nødrationer og andre efterladenskaber ligger spredt netop der, hvor dalsænkningen åbner sig en smule.

Bjerget set fra dalen hvorfra redningsarbejdet blev udført.
Foto: Rasmus Dahl-Sørensen.

Til højre i bjergdalen er et lille plateau, hvor teltlejren under bjergningen lå, og hvor bjergningsmandskabet opbevarede det sparsomme udstyr.

Ret forude en forhøjning med en af de midlertidige helikopterlandingspladser.

Cockpitruder og sikkerhedsbælte. Foto: Rasmus Dahl-Sørensen.

Op ad bjergskråningerne til venstre ligger resterne af NB 296 spredt og fordelt i fire v-formede dale, hvoraf de tre løber fra toppen af bjerget, og den fjerde udskiller sig undervejs på vej ned i dalsænkningen, hvor vi nu står. Floddalen, som er omtalt i bjærgningsbeskrivelserne som en rivende strøm, er udtørret på dette tidspunkt, men kan sagtens blive til en rivende flod på få minutter, dersom et regnskyl starter.

Dele af det hydrauliske system på nedstyrtningsstedet. Foto: Rasmus Dahl-Sørensen.

Vi standser op, sætter os ned og holder en pause. Ingen siger noget. Ingen har lyst til at sige noget. Der hviler en fred over stedet, som om området viser respekt og ønsker den gengældt med vores stilhed. Vi sidder i lang tid og blot stirrer op mod toppen af bjerget, der hvor flyet ramte.

Vi tænker tilbage på avisernes forsider, på de mange mennesker der mistede livet her og på beretningerne om de omkomnes børn og pårørende.

Tankerne går også til de mange udsendte fra Skandinavien, det lokale hjælpemandskab og myndighedernes store hjælpsomhed med at få bjærget de omkomne i dette meget vanskelige og ugæstfrie terræn. Opgaven må givet have stillet meget store psykiske såvel som fysiske krav til redningsmandskabet. Ikke en kvadratmeter er plan i dalbunden, og begiver man sig op ad den flere hundrede meter stejle bjergside, er det både langsommeligt og farligt. Og tilmed har vejret under bjergningen været ekstremt dårligt med kraftig regn og høje temperaturer.

Del fra vraget. Foto: Rasmus Dahl-Sørensen.

Helt naturligt er stedet blevet opsøgt af flere pårørende gennem tiderne. Myndighederne i Fujairah viser forståelse for de besøgende og hjælper med at lede dem frem til katastrofestedet.

Klatrer man lidt rundt i området, finder man højt oppe på en af bjerg-skråningerne en lille mindeplade, sat af børnene til omkomne forældre 30 år efter katastrofen. På mindepladen står der:

Mor & Far

1972 – 2002

Anker – Anne

Ingrid

Fujairah er stadig en forholdsvis lille by 15 km fra katastrofestedet. Byen tiltrækker turister på endagsture fra Dubai og Abu Dhabi samt turister fra de nye store hoteller, der er bygget langs Oman Golfen.

Foto taget på netop af det sted, hvor flyet ramte bjerget. Foto: Rasmus Dahl-Sørensen.

Fujairah har i dag sin egen internationale lufthavn (dog endnu uden fast rutetrafik!).

Øjenvidnerne i Kalba

Fra gammel tid var Kalba et lille selvstændigt land. I 1930 hedder herskeren Sheikh Saeed bin Hamad Al Qasimi. I 1936 bliver Sheikh Saeed kontaktet af englænderne, der meget gerne vil lave en fly-landingsbane her ved østkysten, som et supplement til den nylig anlagte lufthavn i Sharjah ved vestkysten.

25. august 1936 underskriver parterne aftalen. De enes om en månedlig betaling af 400 indiske Rupees (40 kroner). I kontrakten står endvidere, at briterne skal levere 10 rifler til de folk, der skal bevogte landingsbanen, samt en ekstra riffel til Sheikh Saeed. Aftalen skulle løbe indtil 1948. Da bliver fly-landingsbanen så nedlagt. Resterne af landingsbanen kan dog stadig ses bag ved Saif Al Yrubi skolen i Kalba.

På samme skole går en ung purk, der hed Abdullah Saif Obaid Alyamahi. Indbyggerne i Kalba er på dette tidspunkt enten fiskere eller landbrugere, og i 1972 er Abdullah 14 år gammel. Tirsdag den 14. marts om aftenen kører han sammen med sin svoger op for at se, hvorledes familiens landbrugsafgrøder klarer sig i et forrygende bygevejr. Pludselig kommer en flyvemaskine tæt hen over hovederne på dem i retning mod bjergene. Få øjeblikke efter ser de et stort lysglimt fra bjergene. De er ikke helt klar over, hvad der er sket, men det er i det mindste noget voldsomt. I skolen næste dag har deres ægyptiske lærer i arabisk hørt på BBC om ulykken. Der er flere i klassen, der enten har set eller hørt ulykken ske. I klassen bebrejder eleverne hinanden, at de ikke har afværget ulykken på en eller anden måde. Klasselæreren beder nu eleverne skrive en stil om det, de har set, og gør opmærksom på, hvor forfærdeligt det er, at så mange mennesker fra et rigt land som Danmark skal miste livet her i næheden af Kalba.

Jeg møder Abdullah i Kalba næsten 40 år senere. Han har taget sin ven Amer med. Han så også ulykken. Under samtalen kommer det frem, at man stadigvæk betragter det som en rystende begivenhed og nu og da kommer ind på emnet. Kalba er i mellemtiden vokset kraftigt – fra 3.000 indbyggere i 1972 til 60.000 i dag.

Abdullah Saif Obais Alyamahi på netop det sted, hvorfra han 40 år tidligere observerede katastrofen. I baggrunden ses Sharqiyin bjergene. Foto Jørgen Dahl-Sørensen

Kalba blev i 1952 en del af Sharjah-emiratet.

Abdullah Saif Obais Alyamahi er i dag borgmester i Kalba.

De Forenede Arabiske Emiraters historie

De Forenede Arabiske Emirater i dag er resultatet af en sammenslutning af syv selvstændige emirater. Tilblivelsen foregik i årene 1971-72.

Før sammenslutningen var navnene for området fra ca. 1853 Trucial Coast States, Trucial States eller Trucial Oman. Området blev før 1853 kaldt Landområdet bag Oman Havet, Terrae Oman Pars.

Allerede omkring 1760 begynder briterne at interessere sig for området, da det ligger bekvemt på søvejen mellem Storbritannien og Indien. Kyststrækningerne omkring landet bliver kaldt Piratkysten, og i begyndelsen af 1800-tallet har piratangrebene nået en sådan karakter, at briterne må sende et ekspeditionskorps til den nordlige del af landet for at ødelægge piraternes tilholdssted. Omkring 1890 står det klart for briterne, at området er attraktivt for såvel Rusland som Frankrig, og de sikrer derfor, at disse lande kun får minimal indflydelse i området.

Sidst i 1800-tallet får fremmede købmænd i Dubai indrømmet skattefordele. De skifter derfor naturligvis adresse til Dubai fra Iran samt fra nabolandet Sharjah.

I 1903 beslutter briterne, at Dubai er regionens vigtigste havn for dem. Hermed er grundlaget lagt til det handelscentrum, som Dubai den dag i dag nyder godt af.

De syv emirater, Abu Dhabi, Ajman, Dubai, Fujairah, Ras Al Khaimah, Sharjah og Umm Al Quwain havde hver sin hersker, og de sloges fra tid til anden, især om retten til landområder. Briterne påtog sig mæglerrollen. Og omkring 1950 oprettede de en militær styrke – bestående af jordanere, undtagen officererne. Naturligvis!

Hovedbyerne i de syv emirater bærer samme navn som selve emiratet, og er stort set de eneste byer i emiraterne den dag i dag. Undtagelsen er byen Al Ain, som ligger i Abu Dhabi emiratet.

Allerede i 1930erne begynder regelmæssig flytrafik mellem Indien og Storbritannien, hvorfor briterne behøver en landingsbane i området. Ingen af emiraterne er specielt interesseret i en lufthavn med undtagelse af Sharjah. Her bliver så emiraternes første lufthavn bygget af briterne – Aviation Station Al Mahatah.

Desuden har man allerede faciliteter for vandflyvere i Dubai og Ras Al Khaimah, samt desuden et antal nødlandingspladser. En af disse er på Yas Island ved Abu Dhabi, hvor der i dag er en Formel 1 bane, Yas Marina Circuit. Siden har alle emirater, med undtagelse af Ajman og Umm Al Quwain, fået mindst én international lufthavn. Den nuværende Sharjah International Airport er åbnet i 1977. Det er ikke den oprindelige fra 1932. Landingsbanen på den oprindelige Aviation Station Al Mahatah i Sharjah er i dag identisk med King Abdul Aziz Street midt i Sharjah by.

Royal Air Force benytter basen indtil 14. december 1971.

Olieudvindingen tager fart i 1950erne, især i Abu Dhabi. Sheikerne i Abu Dhabi og Dubai ser derfor nødvendigheden af at samle landene og have føderale tiltag såsom forsvar og udenrigspolitik. Samtidig annoncerer briterne, at de ønsker at trække sig ud af området.

I 1971 dannes De Forenede Arabiske Emirater, bestående af seks stater. Ras Al Khaimah slutter sig først til i 1972. Ceremonien foregår i Union House på Jumeirah Beach Road i Dubai. Union House ligger ved siden af den gigantiske flagstang for enden af 2nd of December vejen.

Det kniber dog stadigvæk med de føderale tiltag her ca. 40 år efter dannelsen af emiraterne. I store træk har man i dag føderalt forsvar, udenrigspolitik, møntfod, skolevæsen, civilforsvar og postvæsen. Til gengæld er der fortsat i dag syv forskellige politikorps med egne regler, syv forskellige domstole med egne love etc. etc., og flytter man fra et emirat til et andet skal ens bil påsættes eksport-nummerplader som en del af processen.

De Forenede Arabiske Emirater har i 1962 185.000 indbyggere. I 2011 er indbyggertallet oppe på 6.000.000 (tror man). Arealmæssigt er De Forenede Arabiske Emirater ca. dobbelt størrelse af Danmark.

Briterne har været i landet indtil 1971, men tiden har ikke slettet alle spor.

Flyulykker i De Forenede Arabiske Emirater

Umiddelbart efter Sterling Airways-flykastrofen, i De Forenede Arabiske Emirater i 1972, retter en svensk pilot en sønderlemmende kritik af sikkerheden omkring Dubai-lufthavnen.

Sheikerne, der stillede alt disponibelt materiel og mandskab til rådighed under bjergningen af de omkomne, trækker omgående støtten tilbage. De Forenede Arabiske Emirater er endnu ikke medlem af International Civil Aviation Organisation (I.C.A.O.) og har derfor ingen forpligtelse til at yde støtte. Ad diplomatisk vej beklager man pilotens udtalelse, og De Forenede Arabiske Emirater genoptog hjælpen.

Men har piloten haft ret i sine beskyldninger? Var lufthavnen i Dubai farlig at beflyve, og hvordan var flysikkerheden i al almindelighed i landet?

Allerede fra sidst i 1920erne bliver De Forenede Arabiske Emirater brugt som et naturligt område for mellemlandinger på flyruterne mellem Europa og Asien. Landet har adskillige velegnede faciliteter for vandflyvere, og da Sharjah lufthavnen åbner i 1932, bliver den en meget anvendt lufthavn på grund af dens centrale beliggenhed og gode faciliteter.

Men den stigende flytrafik medfører også flyulykker i De Forenede Arabiske Emirater.

Jeg gennemgår her den komplette liste over flyulykker for at finde eventuelle mulige sammenhænge i årsagerne til ulykkerne, og se om Dubai lufthavnen virkelig indebar en sikkerheds-risiko.

Den først registrerede flyulykke i Emiraterne finder sted den 1. marts 1940. En flyulykke der omgærdes af megen mystik, og den dag i dag lægger grunden til mange konspirationsteorier.

Maskinen, en Handley Page HP42E tilhørende det britiske Imperial Airways (senere B.O.A.C.), er på vej fra Karachi i Pakistan til Sharjah i De Forenede Arabiske Emirater. Der er mellemlanding i Jiwani, Pakistan. Maskinen forsvinder sporløst. Officielt styrter flyet ned i Oman Golfen, før det når kysten i De Forenede Arabiske Emirater. Der er fire passagerer om bord. Alle VIP's.: Excellence i den indiske regering, chefen for RAF i Indien, en kurer med ekstremt vigtige dokumenter samt en norsk chef for et amerikansk olieselskab. Uofficielt styrter flyet ned et sted i bjergene i Emiraterne. Vraget er dog aldrig officielt blevet fundet. Her mere end 70 år efter, er sagen stadig klassificeret i London, og de flyinteresserede, der har forsøgt at løse mysteriet, bliver efter sigende advaret mod at gå for grundigt til værks.

2. verdenskrig går ret ubemærket hen over De Forenede Arabiske Emirater. Dog bruger briterne og amerikanerne Aviation Station Al Mahatah i Sharjah som flybase.

I februar 1943 nødlander en RAF Mark IC Wellington bomber på stranden ved Fujairah (Dhadnah) på vej fra Sharjah til Gwadar i Pakistan. Navigatøren omkommer ved nødlandingen og begraves på stedet. Lokale indbyggere tager for sig af, hvad de kunne anvende, indtil den lokale sheikh dukker op og får flyvraget bevogtet. I 2010 afsløres en mindetavle på nedstyrtningsstedet for den omkomne navigatør.

I maj 1944 får en B17 (Flying Fortress) fra RAF problemer i nærheden af Yas Island ved Abu Dhabi. Der er seks besætningsmedlemmer om bord, og før nødlandingen springer fire af besætningen ud i faldskærm og lander 90 km fra nødlandingspladsen, som er en sandstrand mellem Yas Island og fastlandet i nærheden af Jebel Dhanna. Grundet flod/ebbe på nødlandingstedet var vraget synligt to gange i døgnet! Besætningen overlever med mindre skader.

I april 1944 nødlander to Anson sprøjtefly (mod græshopper) på Yas Island under en flyvning mellem Sharjah og Bahrain.

Ved 2. verdenskrigs afslutning styrter en American C-46 fra US Air Force ned 20 km fra Dubai i nærheden af Dubai-Al Ain landevejen (Highway 66). Flyet kommer fra Karachi og skal til Abadan i Iran. Flyet er sidst i radioforbindelse med Sharjah lufthavnen, inden det forsvinder. Det varer tre dage, før flyet bliver fundet. Alle tre ombordværende omkommer.

Abu Musa er en af øerne i Persergolfen tilhørende De Forenede Arabiske Emirater. I marts 1946 skal en RAF Wellington Mark XIII lande på Abu Musa, og under indflyvningen rammer flyet en skibsmast og nødlander derefter på øen. Flyet bliver ødelagt med undtagelse af motorerne, som demonteres. Resterne bliver derefter meget generøst tilbudt sheiken fra Sharjah.

I 1953 starter en DC3 tilhørende Orient Airways fra Sharjah lufthavnen. Det er mørkt, og det er så som så med besætningens kvalifikationer til instrumentflyvning. Kort efter starten laver flyet en skarp drejning og styrter til jorden. Samtlige 25 ombordværende omkommer.

I 1972 forulykker Sterling Airways Caravelle OY-STL i bjergene nær Fujairah. Alle 112 ombordværende omkommer.

I 1983 omkommer ligeledes 112 personer, da en Boing 737 fra Gulf Air bliver terrorbombet under indflyvning til Abu Dhabi lufthavnen. Flyet styrter ned ved Jebel Ali, 50 km fra Dubai.

En Tupolev TU 154 tilhørende Tajikistan Airlines forulykker i 1997 under indflyvning til Sharjah Lufthavn. 85 personer omkommer. Ulykken skyldtes pilotfejl.

I 1998 forulykker en Ilyushin 76MD ved Raskal. Alle otte ombordværende omkommer.

I 2004 forulykker en Fokker 50 tilhørende Kish Airlines under indflyvning til Sharjah Lufthavn. 43 personer omkom. Ulykken skyldes tekniske fejl.

Et U2 spionfly fra 380th Air Expeditionary Wing, US Air Force, styrter ned ved en luftbase i Abu Dhabi i 2005. Piloten omkommer.

Et Boeing 707 fragtfly fra Sudan Airways styrter ned i 2009 straks efter starten fra Sharjah Lufthavn. Alle seks ombordværende omkommer.

3. september 2010 starter UPS Boeing 747-400 fragtfly fra Dubai International Airport med kurs mod Køln i Tyskland. Flyet forlader Dubai kontrolområdet, og Bahrain kontrollen får straks efter meddelelse om røg i cockpittet. Bahrain giver omgående tilladelse til landing i Bahrain Airport, men piloten foretrækker at lande i Dubai International Airport, hvorfra han er startet 20 minutter tidligere. Bahrain beder UPS flyet om at skifte til Dubai frekvensen, men det lykkes ikke for piloten, og han forbliver på Bahrain frekvensen. Dubai meddeler Bahrain, at man er klar til at modtage UPS flyet, og også Sharjah International Airport, 10 km nord for Dubai lufthavnen, er meldt klar som alternativ lufthavn. Man antager, at cockpittet på dette tidspunkt er så fyldt med røg, at piloterne ikke er i stand til at aflæse instrumenterne eller skifte radiofrekvens. Flyet kommer under indflyvning til Dubai International Airport ind i alt for stor højde 4.000 ft (1.219 meter) og med for høj fart, og overflyver derfor lufthavnen. Piloterne vil gøre endnu et forsøg ved at lande i den nærliggende Sharjah lufthavn mod nord, men foretager i stedet en modsat drejning, og flyet styrter ned i en militær forlægning ca. 16 km syd for lufthavnen. Jf. cockpit voice recorderen er der store problemer med at få side- og højderor til at fungere, samtidig med, at ilttilførslen til iltmaskerne var helt utilstrækkelig. Begge de to ombordværende piloter omkommer. Havariundersøgelsen indikerer, at branden stammer fra lastrummet. Lasten består fortrinsvis af elektronisk udstyr.

I februar 2011 styrter en Grumman 21T ned under starten fra Al Ain International Airport. Alle fire ombordværende omkommer.

Dubai International Airport er langt den største lufthavn i De Forenede Arabiske Emirater, målt på trafik. Den næststørste er Abu Dhabi

International Airport og først på trediepladsen kommer Sharjah International Airport.

Signifikant mange flyulykker er i de seneste år sket under start og landing i Sharjah lufthavnen. Der har aldrig været flyulykker, som har krævet menneskeliv, hverken i Dubai International Airport eller i Abu Dhabi International Airport.

Dermed er der ingen andre flyulykker i De Forenede Arabiske Emirater, der på nogen måde har lighedspunkter med Sterling Airways katastrofen i 1972.

Rækken af luftfartsselskaber, der får flyveforbud i USA og Europa, er stigende. Årsagen til flyveforbudene er oftest dårligt vedligeholdte fly, og her er der tit sammenhæng med gamle fly med op til 40-50 år på logbogen. Flyvejern, som netop kræver et omfattende vedligeholdelsesprogram for at opnå tilstrækkelig flyvesikkerhed. Disse flyveforbud i USA og Europa 'flytter' dårligt vedligeholdte fly til andre steder i verden, hvor man er knap så strikse. Sorteper gives videre. Det kan være en af årsagerne til ophobningen af flyulykker i Sharjah, hvor Ilyushin 76, Tupolev TU 134 & 154, Boeing 707 og gamle Boeing 737-200 er hverdagskost. Man behøver ikke at tage til lufthavnen for at konstatere det. De laver alle en øredøvende larm under start og landing, som kan høres milevidt væk. Støjkits er sparet væk – eller leveres ikke til så gamle fly.

Det er ellers ikke optimismen, der fejler noget i Dubai, hvad angår lufttrafik. I 2010 åbnede man så småt Dubai World Central lufthavnen som den anden civile lufthavn i Dubai emiratet. Når den engang står færdig, vil den med sine seks parallelle start- og landingsbaner have en kapacitet som Heathrow og Chicago O'Hare lufthavnene tilsammen. Forventningen er, at der med tiden årligt vil passere 120 millioner rejsende gennem dens gates. Samtidig udbygges den eksisterende Dubai International Airport til at kunne tage ca. 100 millioner passagerer årligt fra 2020. Der er kun ca. 50 km mellem de to gigant-lufthavne med en samlet planlagt årlig kapacitet i Dubai på 220 mill. passagerer i 2020!

Sultanate of Muscat and Oman Air Force

Sultanate of Muscat and Oman Air Force eller Sultanate of Oman Air Force blev oprettet 1. marts 1959. Ved oprettelsen var det helt igennem en engelsk ledet operation (ex. RAF personel).

I 1960'erne var der forskellige opstande i Dhofar regionen, hvilket medførte en forholdsvis hurtig opbygning af et egentligt flyvevåben

I 1990 skiftede flyvevåbnet navn til Royal Air Force of Oman.

Sultanate of Oman Air Force spiller en meget vigtig rolle i eftersøgningen og bjergningen i forbindelse med Sterling Airways katastrofen.

Eftersøgningsopgaven er løst med Westland Wessex HC2 helikoptere.

Transport af de omkomne fra landingsbanen ved Fujairah til Sharjah lufthavnen er udført med Shorts Skyvan 3M-400.

Abu Dhabi Air Force

Abu Dhabi Air Force er oprettet i maj 1968 som en del af Abu Dhabi Defence Land Forces.

Abu Dhabi Air Force ændrer i 1972, kort tid efter at De Forenede Arabiske Emirater blev dannet, navn til UAE Air Force.

Abu Dhabi Air Force deltager i eftersøgningen af OY-STL med Bell 206b helikoptere samt Britten-Norman Islander BN-2A.

Det er Abu Dhabi Air Force, der flyver de mange ture mellem Dubai og katastrofestedet med bjergnings- og identifikations-gruppen i SA 330B Puma helikoptere.

Transporten af de omkomne fra nedstyrtningsstedet til Fujairah landingspladsen sker ligeledes med Abu Dhabi Air Force SA 330B Puma helikoptere.

Dubai Police Air Wing

I begyndelsen af 1970 spiller UAE Minister of Defence, HH Sheikh Mo-
hammed bin Rashid Al Maktoum, en vigtig rolle i etableringen af UAE
Air Force. Han ser tidligt fordelene ved at samle samtlige flyoperationer
til en samlet enhed. Alternativet er to enheder, hvor Abu Dhabi er den
ene og de resterende seks emirater den anden enhed.

HH Sheikh Mohammed bin Rashid Al Maktoum, der selv er pilot, har
ofte fløjet den samme Cessna 182 Skylane, som Dubai Police har brugt i
eftersøgningen af det nedstyrtede Sterling Airways fly.

I dag er Dubai Police Air Wing udstyret med en større helikopterflåde,
der bliver brugt til redningsopgaver til vands og til lands.

Det skete igen ...

To større katastrofer med danske fartøjer i nyere tid viser en forbløffende mængde lighedspunkter.

Hans Hedtoft skibskatastrofen ved Kap Farvel syd for Grønland i 1959 samt Sterling Airways flykatastrofen i De Forenede Arabiske Emirater i 1972

Begge katastrofer sker mange tusinde kilometer fra Danmark.

Begge katastrofer kræver mange omkomne og ingen overlevende.

Begge katastrofer sker i dårligt vejr.

Begge katastrofer sker i et vanskeligt tilgængeligt område.

Begge fartøjer anede ikke, hvor de var.

Begge fartøjer er dårligt udstyret med radar og radio og må derfor begge benytte sig af relay kommunikation.

Efter katastroferne er der ingen der påtager sig ansvaret, og ingen bliver pålagt ansvaret.

Motorskibet Hans Hedtoft var ejet af Kgl. Grønlandske Handel og dermed ejet af en halv-offentlig virksomhed.

OY-STL Super Caravellen var ejet af Sterling Airways A/S og dermed privat eje.

Fælles årsag for begge ulykker er en ophobning af menneskelige fejl samt udeladelser med hensyn til sikkerheden om bord på fartøjerne.

Grønlandsministeren blev flere gange før Hans Hedtoft skibskatastrofen af sagkundskaben (Kgl. Grønlandske Handels kaptajner) gjort bekendt med, at vintersejlads med passagerer ikke burde finde sted eller i det mindste burde begrænses. Ministeren tromlede fagkundskaben til side og gennemtrumfede fortsat vintersejlads med passagerer.

Ledelsen i Sterling Airways blev før katastrofen skriftligt informeret af flere Sterling Airways piloter om, at passagerflyvning mellem Bombay og Dubai eller mellem Colombo og Dubai ikke overholdt tilstrækkelig flyvesikkerhed jf. gældende forskrifter. Disse henvendelser blev pure negligeret af Sterling Airways ledelsen.

Passagerliste NB 296

Danske omkomne passagerer:

Jens Olaf Albert Albøg, Nebbegårdsbakken 2, 65 år

Poul Agner Christiansen, Østervænge 4, Esbjerg, f.040215 rejste med Alfred C. G. E. Westring, ejer af Poul Agners Fiskeeksport, Danmarks største fiskeeksportvirksomhed plus ørreddambrug

Grethe Yrsa Haugstein Andersen f. Løvborg, Husumvej 88 Brønshøj f.200721

Poul Olaf Andersen, Husumvej 88, Brønshøj, f. 020918

Ingrid Bille, Furesøbakken 15, Virum f.250512

Torben Bille, underdirektør, B&W, Furesøbakken 15, Virum f.060712

Else Magrethe Marie Boetius f. Seierup, Ellevadsvej Charlottenlund

Gerda Buur f. Guldbrandsen, Strandvænget 3, Kalundborg, f.120403

Knud Buur, Strandvænget 3, Kalundborg, f140405, indeh. af stort tekstilmagasin i Kalundborg, Varemessen, var på Ceylon året før

Benedikte Christensen f. Olsen, Vejle/Torremolinos, hustru til Knud f. 270919

Ella Margrethe Christensen f Lange, Birkedommervej 73, Kbh, f. 091002

Knud Tage Christensen, indehaver, Vejle Kafferisteri f.171213, Torremolinos

Chr. Beyer Clausen, Tøndervej 4, Skærbæk, dir., Skærbæk Spare – og Laanekasse, f.100107

Hansigne Clausen, Tøndervej 4, Skærbæk , f.241004

Emma Cathrine Cramer f. Jeppesen, mor til Knud f.020301

Grete Inger Cramer f. Jensen, HC Ørstedsvej 37B f.080928

Knud Cramer, H C Ørstedsvej 37B, Frederiksberg f.170627

Elly Dahl f. Bjærkaas, Skottegården 46, Kastrup, f. 210820 (Bibi) sekretær for personalechefen Hotel Royal

Hanne Johanne Eilsfeldt, enkefru 61 år Stradellasvej 34 st Kbh

Inga Irene Eriksen

Nina Agnete Erikstrup

Poul Erikstrup f.130515, Manufakturhandler i Helsingør, Clarasvej 6, Charlottenlund

Grethe Espensen f.211042, Bredkær Rende 7, Egå, d.a. Knud og Gerda Buur

Majgaard Højland Remmer Fabricius, Torvestræde 5, Næstved f.150811

Thomi Bertha Much Fabricius f. Jensen, Torvestræde 5, Næstved f. 250913

Aase Thorn Frederiksen

Ester Fugl -Olsen f. Petersen, 62 år, Maglemosevej 18, Charlottenlund, e.e. dir. Kay Fugl-Olsen, I C Teilmann & Co. (vin)

Lars Christian Dynes Hansen, 50 år, Skippervænget 28, Dragør, Forretningsfører

Aase Dynes Hansen f. Hansen, 50 år, Skippervænget 28, Dragør

Birthe Heisel f.290736, Daugårds Vænge 2, Søborg, d.a. Knud og Gerda Buur

Bent Wagner Holst

Birgitte Merethe Holst f. Kjøller

Anna Margrethe Iversen Hunderupvej 204D, Odense f.170316

Hans Christian Iversen, Hunderupvej 204D, Odense f.060312, ingeniør

Dagmar Maqrethe Kirstine Jensen f. Jørgensen, Kjærsgaardsvej 7, Trædballe, f. 081099

Helge Vagn Jensen, Skjoldsvej 24, Helsingør

Nanna Navndrup Jespersen f. Christensen frue til Bent, Højby Sjælland, 53 år

Bent Georg Borch Jespersen, læge, Højby Sjælland, 53 år

Claus Johansen Hyacintvej 8, Espergærde

Johanne Johannsen Hyacintvej 8, Espergærde

Lars Peter Jørgensen, Søvej 14, Bagsværd, økonomidirektør, Novo Industri, 57 år f.210215

Maja Landerup Jørgensen, Søvej 14, Bagsværd, 56 år f.230816

Lis Asta Larsen, H A Clausensvej 27, Gentofte f. 090428, Forstanderinde

Erik Christian Larsen, Kirkestræde 9, Nykøbing Sj 67 år, installatørmester, byrådsmedlem (K)

Thora Marie Larsen f. Jensen, Enkefru 57 år

Benny Gilbert Lassen, Nellerupgårds Allé 31, Gilleleje f.260726
Lis Schmock Lassen, Nellerupgårds Allé 31, Gilleleje
Alfred Cosman Levysohn, Kratkrogen 3, Landsretssagfører, f.140704
Johanne Magrethe Levysohn f. Einfeldt f.190812
Ole Bargsteen Lorentzen, Forrretningsfører i Købmandshuset Øster-
    strand, Hundige Strandvej 48, Greve Strand
Astrid Elisabeth Nielsen f. Hansen, Skjoldsvej 24, Helsingør f.080317
Maren Oda Kristine Nielsen f. Jensen, Ålekistevej 175
Robert Emanuel Nielsen, Ålekistevej 175, Kbh Viktualiehandler
Judith Nissen f. Markussen, 61 år Ingeborgvej, Hellerup, e.e. civ. Ing.
    William Nissen, F.L.Smidth
Vibeke Ida Nystrøm
Aage Rasch, overarkivar, Gl. Kongevej 152A, Kbh, f.211218
Kirsten Rasch Gl Kongevej 152A , f. Skovmann f.280918
Gerda Rasmussen, Virum, frue til Henning
Henning Rasmussen, Abildgårdsvej 165, Virum, Landsretssagfører
Morten Rødgaard
Rigmor Rødgaard f. Christensen
Ester Schierbeck f. Mikkelsen, Charlottenlund
Knud Schierbeck, læge, Charlottenlund
Ellen Steenback f. Svane Dalstrøget 84, Kbh f.030920
Gunner Volmer West-Nielsen, skovrider siden 1960, Vibæk, Ebeltoft, 57 år
Karen West-Nielsen, Vibæk, Ebeltoft, 56 år
Alfred Carl Gustav Eeg Westring, Nr Alslev ved Varde f.210315, rejste
    med P A Christiansen, fiskemester
Harald Balleby Ægidius, C F Richsvej 101D, Frederiksberg f.110396
    Grosserer

Svenske omkomne passagerer:

Alice Anderson
Johannes Dahl
Rose Dahl

Bertha Dobas
Birgitte Egebjerg
Åke Egebjerg
Britta Englund
Verner Englund
Ulla Guldevall
Østen Guldevall
Margot Håkonson
Karl Klang
Rigmor Klang
Karin Lindskog
Signe Johansson
Lilly Schneider
Bo Sjöholm
Monika Sjöholm
A.L. Stockhaus
Greta Wieslander

Norske omkomne passagerer:

Gerd Andin, Kontorfuldmægtig, Oslo, 55
Evelyn Brenno, Paul Brennos hustru
Paul Brenno, stabssergent i det norske luftvåben, Oslo
Eiliv Fougner, f. 200504, højesteretsadvokat Oslo
Karina Fougner, svigerdatter
A. Høyer, hustru til Nils
Nils P. Høyer, civilingeniør, 53 år
Carl Jacobsen, Hvalstad, 67 år
Inger Jacobsen, hustru til Carl
Anni Janssen, datter af Eiliv og Aase
Åse Janssen, hustru til Eiliv
Mads Thiis, disponent, Oslo 68 år, indehaver Thomas Thiis A/S, fmd,
    Nasjonalgalleriets Venner

Finske omkomne passagerer:

P.W. Lindroes
O. Maekipoe
Reima Pennti Johannes Palvinen, Dagvej 4, Hellerup f.250639, Restauratør, bl. a. Folkets Hus Rømersgade, bopæl i Danmark i 18 år
Kim Palvinen, Dagvej 4, Hellerup, Reimas hustru

Tyske omkomne passagerer:

Kurt Joachim Haberkon
Hasmut Peter Hatnick

Den omkomne besætning på NB 296

Luftkaptajn Ole Jørgensen, Lodsvænget 4, Dragør, 35 år
2. pilot Jørgen Pedersen, Vesterled 3, St Magleby, 31 år
Flymekaniker Poul Erik Ib Johansen
Stewardesse Karin Sonja Troelstrup, Bartholinsgade 5, Kbh, 23 år
Stewardesse Lone Bernth, Finlandsgade 5, Kbh, 22 år
Stewardesse Edith Johanne (Ditte) Wøhlk, Blokland 76, Albertslund, 24 år

VOR

Kort beskrivelse af virkemåden af VOR (VHF Omnidirectional Range) navigation system.

VOR er udviklet med det formål, at en pilot sikkert kan navigere fra punkt A til punkt B.

VOR, der blev udviklet i 1950erne, betragtes som en af de helt store opfindelser inden for luftfart.

VOR-instrumentet i flyet består af en kompasskive med en nål, der viser om man holder kursen. Endvidere en 'til' og 'fra' indikator, som er en pil, der skifter fra 'til' til 'fra' i samme øjeblik man passerer VOR stationen.

Princippet er, at en VOR jordstation transmitterer to signaler samtidigt. Det ene signal er konstant og sender 360 grader (i alle retninger). Det andet signal sender signaler roterende omkring sin egen akse.

Flyet modtager begge signaler og beregner elektronisk på forskellen mellem de to signaler som 'oversættes' til en radial fra jordstationen.

Piloten skal dog manuelt 'fortælle' VOR systemet, hvilken kurs han/hun ønsker at flyve.

ILS

Kort beskrivelse af ILS (Instrument Landing System)

ILS er et jordbaseret system i lufthavne, der har det formål at hjælpe flyet til sikker landing under ugunstige vejrforhold ved hjælp af radiosignaler og i mange tilfælde også kombineret med landingslys.

ILS består af tre elementer

1. 'Localizer' og 'Glide Slope': Localizer leder flyet til centerlinien af landingsbanen. Glide Slope er et signal, der sikrer, at den vertikale position afpasses efter afstanden til landingsbanen (i almindelighed 3° nedstigningsvinkel). Localizer og Glide Slope aflæses i et og samme instrument i cockpittet.

2. Range Information. Lyd- og lyssignaler i cockpittet der angiver to eller tre afstande (Outer marker – Middle marker) fra flyet til landingsbanens start.

3. Visuel information. Forskellige lyssystemer i forlængelse af landingsbanen, der hjælper piloten med at orienterer sig i den sidste fase inden landingen.

GPWS

Kort beskrivelse af virkemåden af GPWS (Ground Proximity Warning System)

GPWS er udviklet med det formål at kunne advare piloterne, dersom deres fly er i umiddelbar fare for at ramme jorden eller et andet object.

GPWS er udviklet i 1960erne og i 1970erne og siden videreudviklet og benævnes nu EGPWS (Enhanced Proximity Warning System).

GPWS virker ved hjælp af en radio højdemåler samt en computer der beregner trends som derefter aktiverer lyd og lys signal til piloterne.

Der er forskellige signaltyper:

*   Sink rate – pull up .... (taber for meget højde)
*   Terrain – pull up ....(tæt på jorden)
*   Don't sink.. (mister højde efter start)
*   Too low – terrain .... (fare -flyver for lavt)
*   Too low – gear... (fare – landingshjul)
*   Too low – flaps .... (fare – flaps)
*   Glideslope.. (for lav indflyvnings vinkel)
*   Bank angle .... (for stor krængning)
*   Windshear.. (tag højde for kastevinde)

Litteratur & Kilder

Aircraft OY-STL in the Emirate Fujayrah on the 14th March 1972
Bait Sheikh Saeed bin Hamad Al Qasimi, Kalba
Caravelle, the Complete Story – John Wegg
Det Kongelige Bibliotek
Det lykkelige Arabien – Thorkild Hansen
Dubai Police Air Wing
Flight International
Flyvehavarirapport oktober 1975 (Ministeriet for offentlige arbejder)
I de bedste hænder – Thomas Rockwell
Report of the investigation into the accident involving Sterling Airway's
Caravelle
Rigsarkivet
Royal Oman Air Force
UAE Air Force/Abu Dhabi Air Force
UAE Ministry of Presidential Affairs
UAE National Center for Documentation & Research
25 timer i døgnet i 25 år – Sven Stigø
+ ca. 300 avisartikler

Tak til:
Off-road og bjergkørsel eksperterne Mahmoud og Walid der førte holdet
sikkert igennem.
Lægen på holdet og ekstremfotografen Rasmus, som også er idémanden
til bogen.
Grafikeren og fotografen Sarah
Fotografen og felt-komikeren Saeed
Pilot Jens Schmidt